运动不受伤

全民健身科学运动与损伤防治指南

周敬滨

詹 晖 / 主编

人民邮电出版社

北 京

图书在版编目（CIP）数据

运动不受伤 : 全民健身科学运动与损伤防治指南 / 周敬滨，詹晖主编. -- 北京 : 人民邮电出版社，2023.6（2024.7重印）
ISBN 978-7-115-60216-9

Ⅰ. ①运… Ⅱ. ①周… ②詹… Ⅲ. ①全民健身－体育活动－指南②运动性疾病－损伤－防治－指南 Ⅳ. ①G812.4-62②R873-62

中国版本图书馆CIP数据核字(2022)第189181号

免责声明

本书内容旨在为大众提供有用的信息。所有材料（包括文本、图形和图像）仅供参考，不能用于对特定疾病或症状的医疗诊断、建议或治疗，且不能保证每一位读者都能通过使用本书运动方法取得成功。所有读者在针对任何一般性或特定的健康问题开始某项锻炼之前，均应向专业的医疗保健机构或医生进行咨询。作者和出版商都已尽可能确保本书技术上的准确性以及合理性，且并不特别推崇任何治疗方法、方案、建议或本书中的其他信息，并特别声明，对读者的运动效果不负任何责任，不会承担由于使用本出版物中的材料而遭受的任何损伤所直接或间接产生的与个人或团体相关的一切责任、损失或风险。

内 容 提 要

本书由多位医生联合编写，对普及程度较高的全民健身运动及各项运动常见损伤的预防、处理措施等进行了介绍。本书涉及的运动包括健身跑、健步走、骑行、游泳、徒步与登山、广场舞和球类运动，均为易于开展和掌握技能、参与人数众多的运动。针对每项运动，本书介绍了特点、适合人群、益处、常见损伤的防治指导等内容，深入浅出，系统全面，将有效帮助读者掌握科学的运动与损伤防治方法，从而提升日常生活和运动表现，远离损伤。

- ◆ 主　　编　周敬滨　詹　晖
　　责任编辑　王若璇
　　责任印制　马振武
- ◆ 人民邮电出版社出版发行　　北京市丰台区成寿寺路 11 号
　　邮编　100164　　电子邮件　315@ptpress.com.cn
　　网址　https://www.ptpress.com.cn
　　固安县铭成印刷有限公司印刷
- ◆ 开本：690×970　1/16
　　印张：8　　　　　　　　　　　　　　2023 年 6 月第 1 版
　　字数：110 千字　　　　　　　　　　2024 年 7 月河北第 3 次印刷

定价：49.80 元

读者服务热线：(010)81055296　印装质量热线：(010)81055316
反盗版热线：(010)81055315
广告经营许可证：京东市监广登字 20170147 号

编委会

主　编： 周敬滨、詹　晖

主　审： 李国平、谢敏豪、张　霞

副主编： 贺　忱、高　奉、钱　驿

编委：

王雪松（北京积水潭医院）

张　辉（北京积水潭医院）

陈星佐（中日友好医院）

果　森（国家体育总局运动医学研究所）

赵志宏（北京市第二医院）

崔　鹏（首都医科大学附属北京同仁医院）

于国政（国家康复辅具研究中心附属康复医院）

郝　烨（北京市石景山医院）

曲　峰（首都医科大学附属北京同仁医院）

崔　颖（国家体育总局运动医学研究所）

申学振（首都医科大学附属北京潞河医院）

胥　皞（国家体育总局运动医学研究所）

国　宇（北京市第二医院）

随着全民健身运动的广泛开展，健身跑、骑行、游泳、登山、广场舞和球类运动等越来越多地融入日常生活，成为人民美好生活的重要组成部分。然而，由于缺少科学健身的意识和运动防护的相关知识，许多人在运动中受伤，并因此无法继续锻炼，导致健康受到影响。

科学健身要求在运动中"因人而异、循序渐进、量力而行"。本书针对不同运动、人群，就如何设立健身目标、如何选择运动负荷等内容进行科学指导，从而让健身人群具备预防损伤及在损伤后及时、正确处理伤情的能力。

"因人而异"指的是并非所有的运动都适合每一个人，一定要根据自身的身体情况选择合适的运动。体重过大的个体如果刚开始运动就选择健身跑、登山和羽毛球等项目，则下肢关节会承受较大的负担，这很有可能造成下肢关节损伤。具有肩关节疼痛和肩袖损伤的个体如果盲目地"吊单杠"，则肌腱会发生进一步的撕裂，加重损伤。肌肉力量强大的个体可以选择趣味性高的对抗性运动，而柔韧性好的个体可以选择舞蹈（广场舞）和瑜伽。因此，每个人都要对自己的身体情况和能力有充分的认识，选择适合自己的运动，以同时达到锻炼身体和预防损伤的目的。

"循序渐进"是指在运动时，逐渐增加运动负荷和强度，找到适合自己的最佳运动量。切忌"急功近利"地选择超出自己能力的运动量，这往往会给身体带来损伤。一般来说，本周增加的运动量不应超过上周运动量的10%，过快地增加运动负荷与强度，会让损伤的发生率大大提高。

"量力而行"则要求健身人群根据自身所能承受的运动强度设立目标，避免超负荷运动，同时要求健身人群在运动过程中有一定的自我控制能力，在即将超负荷运动时能及时休息和调整运动量。一般来说，青年人可以进行较为激烈的球类运动，中老年人则更适合规律性地进行强度相对较低的健身跑、骑行和游泳等运动。如果在运动完的当晚或次日，身体出现明显的疼痛和不适症状，则说明当日的运动超负荷，有必要暂停运动，充分恢复。

此外，做好运动防护也是科学健身的重要组成部分。对于绝大多数运动损伤来说，最佳治疗方式并非手术，而是通过运动防护与康复方法尽快减轻疼痛、提高关节活动度和增加肌肉力量。更为重要的是，通过运动防护与康复方法预防损伤的发生。

佩戴合适的专业运动防护产品有助于损伤的预防和康复。例如，肌肉贴布能帮助运动中的个体缓解肌肉疲劳、疼痛；专用的网球肘护具、髌骨带有助于网球肘、跳跃膝等运动损伤的早期康复。另外，在损伤的急性期，以正确的方式对损伤进行预先处理，如根据POLICE原则（详细介绍见第32页）进行处理，有助于尽早消肿、止痛，让损伤部位获得更好的自愈环境，这对损伤的早期康复和痊愈有重要作用。而上述简单、有效的运动防护知识仍需要在我国的健身人群中进一步普及。

本书与专业的运动医学书不同，没有关于各种损伤病理、预防和治疗方法等的大量晦涩难懂的学术名词，而是针对普及程度较高的几项全民健身运动，进行关于科学健身和损伤防治知识的简单易懂的科普讲解，从而让健身人群能轻松阅读、快速掌握相关知识，免于运动伤害，让运动更好地促进健康。针对每项运动最易出现的一些健康和损伤问题，书中还通过"患者小故事"版块还原受伤和处理场景，从而更形象地讲解损伤防治知识。

本书编委会成员均具有丰富的运动医学与康复临床经验，有些为国际大型赛事提供过医疗保障服务，有些为各类损伤人群进行过康复治疗与预防指导。他们中的很多人还一直致力于全民健身、健康知识普及工作。因此，本书内容具有一定的科学性和权威性。衷心希望本书能够帮助更多人科学运动、远离损伤！

CONTENTS

第1章　健身跑

1 健身跑——全民健身的优选运动

健身跑的特点和适合人群

跑步是所有运动项目的基础，是人人都能参与的一项健身运动。尽管几乎所有的人天生都具备跑的能力，但并非所有的人都能成为跑步高手。也就是说，要想通过跑步健身并取得良好的效果，需要勤奋努力，也需要掌握科学的锻炼方式和合理的跑步方式，同时还需要具备良好的身体状况及一定的身体素质、运动能力，并对运动环境和运动保健常识等有所了解，这些对跑者来说是必不可少的。此外，跑者可根据自身情况选择合适的运动强度。

健身跑 的特点和适合人群	◎ 是所有运动项目的基础，人人都能参与。
	◎ 要取得良好的锻炼效果，需要具备良好的身体状况及一定的身体素质、运动能力。
	◎ 各类人群可自主选择适合自己的运动强度。

健身跑的益处

在众多运动项目中，健身跑作为一项全身性运动，能够很好地改善肌肉、肌腱、韧带、关节和结缔组织的状况；能够有效地锻炼呼吸肌，增加肺活量，提高血液的携氧量，改善身体的供氧机能；在提升人体免疫力、延迟骨关节的退行性改变等方面也有着显著的效果。因而健身跑成为大多数人的健身首选。

☑ 改善肌肉、肌腱、韧带、关节和结缔组织的状况。
☑ 增加肺活量，改善身体的供氧机能。
☑ 提升人体免疫力。
☑ 延迟骨关节的退行性改变。

2 这样跑可以避免损伤

在健身跑的过程中，如果不了解跑步运动的规律，缺乏科学、合理的锻炼方法，参加者常常会半途而废，使健身效果大打折扣。接下来我们会详细介绍健身跑的正确姿势和类型。

健身跑的正确姿势

大多数人认为健身跑是非常简单的运动项目，不需要任何技巧。但相关研究和调查发现，如果长期采用不正确的跑姿进行锻炼，非但不能获得健身的效果，反而容易产生运动损伤。

健身跑的正确姿势有以下几个要点。

★头部与肩部稳定

头部要始终正对前方，除非道路不平，否则不要前倾，两眼注视前方。保持头部和肩部的稳定，保持上身稳定。同时，肩部适当放松，避免含胸。

★摆臂幅度要小

手臂以肩部为轴摆动时，不应超过身体的正中线。手指、手腕与前臂保持放松，肘关节屈曲。

★背部自然直立，腹部适当收紧

注意保持背部自然直立，腹部适当收紧，这样长时间的运动才不会导致腰腹部肌肉疲劳。

★落地时全脚掌着地

落地时全脚掌着地，让冲击力迅速分散。这样跑起来人会感到两脚轻巧而富有弹性，可以减轻足部的负担，既可以跑得持久，又可以避免伤痛。跑步的时候步幅要适中，如果步幅过大，小腿前伸过远，落地时会用足跟着地，产生的反作用力对骨骼和关节造成的损伤很大。

健身跑的正确姿势如图1.1所示。

摆臂幅度要小

头部与肩部稳定

背部自然直立，腹部适当收紧

落地时全脚掌着地

图1.1　健身跑的正确姿势

健身跑的四大类型

根据锻炼效果，健身跑一般包括以下几种类型。

★纠姿跑

纠姿跑是以训练正确的跑步姿势为主要目的的健身跑。跑者可以选择让自己舒服的速度，将注意力集中于跑步的姿势，通过不断地调整，将正确的跑步姿势固化于心、外应于形，为日后的速度提升奠定基础。

★快乐跑

快乐跑是以愉悦心情和放松身体为目的的健身跑。跑者在整个跑步过程中都保持着愉快的心情和放松的动作。快乐跑不限时间、不限距离，只要跑者快乐就好。

★长慢跑

长慢跑是指以目标配速的70%～80%持续跑30分钟以上的健身跑。随着个人实力的不断增强，长慢跑的时间和距离也要相应增加。对大多数人而言，长慢跑一般不应超过3小时（或30千米）。长慢跑可以有效提高心肺耐力和基础代谢率，降低体脂。长期坚持长慢跑有助于提高人体免疫力、降低心脑血管系统发生意外的风险、有效减重，对保持理想的血压和血糖水平也有至关重要的作用。

★速度跑

速度跑是以逐步提高的配速跑完全程的健身跑，即以低于目标配速的速度跑完前1/3路程，以目标配速跑完中间1/3路程，以高于目标配速的速度跑完后1/3路程。速度跑的目的是训练身体对速度的感觉，当有了一定的基础后，我们很容易估计出自己当前的跑速，进而推算出完成预计路程的时间，从而更好地控制整个跑步过程。在四种类型的健身跑中，速度跑是最高效的提高心肺耐力和运动成绩的方法。

对于刚刚开始跑步锻炼的人来说，应先从纠姿跑开始。纠姿跑是所有类型健身跑的基础，只有采用正确的跑步姿势，才有可能安全、高效地跑很长的距离和时间。至于其他类型的健身跑，则可以在训练出正确的跑步姿势后根据实际情况交替进行，以提高跑步的锻炼效果。

3 健身跑常见损伤的预防和治疗

健身跑中常见的运动损伤主要有骨骼、肌腱和肌肉损伤等，常见的损伤部位是膝部、踝部、足部等部位，但只要预防措施得当，这些"跑伤"是可以避免的。健身跑常见的损伤有髂胫束摩擦综合征、外胫夹、足底筋膜炎。

髂胫束摩擦综合征

致病原因

髂胫束摩擦综合征（Iliotibial Tract Friction Syndrome，ITFS），俗称"跑步膝"，是一种以膝关节外侧（髂胫束远端）疼痛为主要临床表现的运动损伤，常见于长距离跑、走及骑行爱好者。

髂胫束是大腿外侧的深层筋膜，主要起自髂嵴，包括阔筋膜张肌和臀大肌的纤维，分为深、浅两层，包绕着阔筋膜张肌，远端和阔筋膜张肌肌腱融合，止于胫骨外侧的惹迪（Gerdy）结节，同时和股骨外上髁有紧密的连接。髂胫束通过和阔筋膜张肌及臀大肌的连接，使大腿可以外展、内旋和屈曲，同时使膝关节在行走、跑步等活动中保持动态稳定。

当膝关节伸展、屈曲时，髂胫束会在股骨外上髁上滑动摩擦。如果髂胫束滑动摩擦过多或过于紧绷，就会造成髂胫束本身或其下的滑囊发炎，引起疼痛。如果疼痛造成肌肉紧绷，滑动摩擦引起的炎症就更加严重，从而形成恶性循环，最终导致髂胫束摩擦综合征（图1.2）。

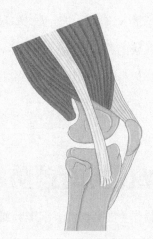

图1.2　髂胫束摩擦综合征

髂胫束损伤的原因主要有以下几个方面。

★运动特点

当膝关节伸直时，髂胫束位于股骨外上髁的前侧；而膝关节屈曲时，髂胫束会滑过股骨外上髁，移至其后侧。在跑步或骑行等运动中，髂胫束会长时间、多次滑动摩擦股骨外上髁，因此跑步与骑行是髂胫束摩擦综合征高发的运动，这也是髂胫束摩擦综合征具有"跑步膝"这一俗称的原因。

★运动计划的合理性

跑步切忌操之过急，如果过早地增加跑量，迫使肌肉在尚未完全恢复的状态下继续工作，肌力、肌耐力、柔韧性都不佳，就会增加受伤的概率。正确的做法是每周跑步的距离或时间增量不应超过上周跑步的距离或时间量的5%~10%，要给肌肉、肌腱、韧带和关节足够的适应和恢复时间。

★运动场所

在不平整或较滑的路面上跑步会增加下肢肌肉的负担，造成髂胫束损伤。沿路边或绕操场跑时，应注意变换方向，避免因地面倾斜，双腿受力不均，引发髂胫束损伤。

★其他原因

多种原因可导致下肢力学异常，使髂胫束摩擦综合征更加易发，如O形腿、扁平足、高弓足、股骨外上髁较突出，或软组织失衡（如髂胫束或阔筋膜张肌过紧、臀中肌或臀大肌无力）等。

识别方法

髂胫束摩擦综合征的症状为膝外侧疼痛，严重时痛感可能向髋关节蔓延，或者小腿近端也会疼痛；膝关节外侧有明显的压痛点，严重时髋关节外侧也有；大腿外侧紧绷；上下楼梯或做其他膝关节屈曲动作时会感到疼痛；疼痛可能伴随着髋部的弹响；拉伸或休息后，疼痛可能减轻。

日常预防

★拉伸放松练习

拉伸髂胫束和阔筋膜张肌练习

以拉伸右侧为例，右腿位于左腿左后方，躯干向左侧弯曲，直至右腿外侧感到紧绷或轻微酸痛。保持此姿势45~60秒为1组，做3组，换对侧重复。

泡沫轴放松大腿外侧肌肉练习

将泡沫轴垫于大腿外侧的肌肉压痛点下，压迫15秒，然后通过前后移动身体来回滚动泡沫轴，放松压痛点周围软组织15秒，此为1组，做3组，换对侧重复。通过上臂的支撑来调节压力的大小，以有轻微酸痛感为宜。

★强化力量练习

动态臀桥练习

仰卧，双脚分开，与肩同宽，臀部抬离地面，使躯干呈一条直线，臀部肌肉收紧，保持1~2秒后将臀部放回地面。重复10~20次为1组，做3组。

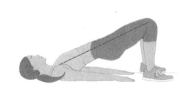

侧卧抬腿练习

侧卧，双腿伸直，下侧腿不动，上侧腿上抬15~20厘米5秒后放下。重复10~20次为1组，做3组，换对侧重复。该练习可以训练臀中肌。练习时，注意不要屈髋。

15~20厘米

蚌式练习

侧卧，下侧腿不动，上侧膝盖打开至极限，然后放下。重复10~20次为1组，做3组，换对侧重复。练习时，上侧手可以放在腹部，也可以放在臀部，以监测臀中肌是否在收缩。全程双脚不要分开，上半身保持不动。

核心和臀肌练习

手握悬吊训练器手柄，下蹲至大腿与地面接近平行，然后起身站直。重复10~20次为1组，做3组。下蹲时，保持对身体的控制，通过悬吊训练器保持平衡。借助悬吊训练器，可以同时训练核心肌群和臀肌。

★使用护具

可以使用护膝（图1.3）约束髂胫束移动，同时提升膝关节周围肌群力量。

图1.3　护膝

治疗方法

当髂胫束摩擦综合征已经引起疼痛时，通常需要寻求专业医生的帮助，以诊断病情和明确治疗方法。

康复治疗师可采用超声波、冲击波等多种理疗方式对患者进行治疗，也可以采用深层横向按摩手法或辅助拉伸等放松患者过于紧绷的肌群以及筋膜。此外，康复治疗师应先根据康复评估来明确致病因素，如对肌肉柔韧性、肌力、下肢力线（如足弓高低、是否有O形腿等）进行检查，观察行走步态或者跑姿等，再针对问题进行相应的处理，如拉伸放松、肌力训练、应用矫形器等。

近年来，随着人们运动健身意识的觉醒，越来越多的人加入健身跑、健步走、骑行等健身活动中。因此，来医院就诊的髂胫束摩擦综合征患者的比例明显增大，且部分患者治疗效果不佳或症状反复发作。

通过对患者的病史及治疗史的深入了解，我们发现这部分患者存在这几大主要问题：运动种类单一（动作重复，局部受力过大）；不进行运动前热身活动及运动后放松活动（疲劳累积导致肌肉弹性下降）；运动量和场地不合理（增加损伤概率）；存在下肢力线异常情况（不适合相应运动项目）；治疗期间继续大量运动（未去除病因，影响疗效）。在对这类患者进行治疗的同时，对其致病因素进行干预，去除病因并指导其养成正确的健身习惯，可以获得良好的治疗效果。

患者小故事

张某是一名25岁的马拉松爱好者，膝关节疼了一个多月。早期，他左膝在大量运动后出现疼痛，并偶有打软腿（小腿发软，使不上劲）的情况出现，随后髌骨外侧缘和外膝眼处在上下楼梯、跑、跳时疼痛，膝关节屈伸不利。在此期间，他到医院就诊，被诊断患有伸膝筋膜炎，接受了封闭治疗，但效果不理想。后来张某再到医院就诊，被诊断患有髂胫束摩擦综合征。治疗期间他接受了手法治疗和功能性康复训练，其中，手法治疗主要包括肌筋膜痛点的松解，功能性康复训练主要包括纠正错误的动作和加强肌肉力量。张某经过两个疗程的治疗后痊愈，并恢复了正常跑步和自我锻炼。

常见误区 ❶ 跑步出现膝关节疼，坚持下去就好了

跑步时如果出现膝关节疼痛，千万不要大意。要明确疼痛的部位和特点，与运动后延迟性肌肉酸痛相区别。无论是患有关节外肌肉肌腱的损伤，还是关节内软骨的损伤，均需要尽早诊断和治疗。

常见误区 ❷ 得了髂胫束摩擦综合征，滚滚泡沫轴就好了

滚泡沫轴是大家常进行的一种操作，可以减小局部软组织的张力。但有时髂胫束摩擦综合征会让大腿外侧的滑囊产生严重的炎症反应，过度刺激和挤压外侧滑囊会让疼痛和炎症反应更严重。如果滚泡沫轴未明显缓解疼痛，反而加重疼痛，则需要立刻停止，前往医院就诊。

外胫夹

致病原因

外胫夹，又叫胫骨内侧应力综合征，是跑步爱好者的一种常见损伤。其特点是疼痛通常发生于小腿中下 2/3 处、胫骨的前内侧。除长跑外，外胫夹在跑动和跳跃较多的运动项目的运动员身上也常发生，如足球、网球及排球等。

导致外胫夹的因素有很多，例如，扁平足和高足弓；小腿肌肉柔韧性不足；运动鞋过度磨损或选择不当；长期在弧形跑道沿同一方向跑动而引起的单侧下肢集中受力过大。外胫夹主要的成因是胫骨局部所受应力过大。

随着国内跑者的增多，外胫夹患者也越来越多。近几年，从国外流行至国内的裸足跑或穿着有裸足跑体验感的轻便跑鞋跑步，在跑者中成为流行趋势，随之而来的是门诊出现大量的外胫夹患者。其中一位患者非常典型，他认为专业的跑者都提倡这种跑步体验，那么其就是合理选择，但该患者忽略了无论国内还是国外的专业跑者在身体素质条件和运动技术上与他相比都是具有优势的。而他自身体重偏重、力量不足、足弓扁平、膝关节外翻角度也比较大，像这种自身条件较差的初跑者往往跑步技术也不成熟，种种因素使他在跑步过程中胫骨所受的应力加大，日久导致外胫夹。如果不及时治疗及调整，等待他的可能是胫骨应力性骨折。

识别方法

外胫夹可以从是否有疼痛、肿胀、局部烧灼感几个方面来识别。

★疼痛

外胫夹的疼痛发生于小腿中下2/3处，胫骨的前内侧。轻度外胫夹患者在训练后局部出现疼痛，特别在大运动量训练后疼痛加剧；重度外胫夹患者行走或不运动时也会感到疼痛。个别严重的外胫夹患者可出现夜间疼痛，该疼痛表现为刺痛或烧灼痛。

★肿胀

轻度外胫夹患者软组织无明显肿胀；重度外胫夹患者出现局部软组织轻度凹陷水肿。

★局部烧灼感

外胫夹患者可能有皮肤发红及轻度烧灼感的症状。

日常预防

★拉伸放松练习

运动前后对下肢肌肉进行充分拉伸，特别是小腿三头肌、胫骨前肌和股四头肌。

拉伸小腿三头肌练习

双手抵墙壁，前侧腿屈曲，后侧踝背屈至小腿后侧感到紧绷或轻微酸痛。保持该姿势45~60秒为1组，做3组，换对侧重复。注意后脚脚尖朝前，足跟着地，不要抬起。

拉伸胫骨前肌和股四头肌练习

　　一侧手握住同侧脚踝或足部，保持身体平衡，将其拉向同侧臀部至大腿前侧和小腿前侧感到紧绷或轻微酸痛为止。保持该姿势45~60秒为1组，做3组，换对侧重复。

★合理安排运动强度，掌握正确的跑步技术

　　注意要合理安排运动强度、改进运动方法，避免局部负荷过大，尤其是初跑者，不要过于集中地进行跨步跑、后蹬跑、高抬腿跑或跳跃练习等。掌握正确的跑步技术，注意动作的放松和落地的缓冲，选择适合自己的着地方式。

★选择合适的运动场地和运动装备

　　避免在过硬的场地上进行跑跳练习；应根据自身条件选择跑鞋，初跑者特别是体重较重者应选择减震效果较好的跑鞋。

★使用护具

　　使用对小腿周围有压迫效果的护具（图1.4），可以缓解疼痛。

图1.4　外胫夹护具

治疗方法

当跑者产生疼痛症状时，首先要停止跑步，并减少可能诱发疼痛的其他训练。通常及时休息并配合冷敷、肌肉拉伸等可有效地消除疼痛症状。

需要注意的是，外胫夹如果不能及时得到处理，病情容易进一步加重，逐渐出现疲劳性骨膜炎甚至发展为胫骨应力性骨折。因此，如果休息数日后症状仍无缓解，或者恢复运动后症状又反复，那么需要寻求专业医生的帮助。

专业医生准确判断病情后，会根据患者的具体情况对症采用治疗方法，可以采用超声波、超短波、冲击波等多种理疗方式对患者进行治疗，也可以采用深层横向按摩手法或辅助拉伸等放松患者过于紧绷的肌群以及筋膜。此外，专业医生应先根据康复评估来明确致病因素，如对肌肉柔韧性、肌力进行检查，以及观察患者的跑姿等，再针对问题进行相应的处理。患者痊愈后重新恢复运动时，运动负荷要逐渐增加，以免复发。

患者小故事

小杨是一名17岁的男孩，发现小腿内侧跑步时疼，但走路时不疼，于是去医院检查。经查体，医生发现他的胫骨中段1/3前内侧有直径3~4厘米范围的压痛区域，核磁共振检查结果显示该位置存在骨膜和骨髓水肿；足部过度内旋，步态异常。医生给予的治疗方案是选择合适的鞋子，并在鞋子内放置矫形鞋垫；减少跑量，以保证腿部肌肉的负荷不会过大；不在水泥路或花岗石路等坚硬路面跑步；增加小腿肌肉力量、柔韧性训练；每日进行肌肉按摩、拉伸等放松治疗。一个月后，小杨的症状明显减轻，半年后基本恢复正常。

常见误区 1 跑步后小腿疼痛都是由于肌肉疲劳，多泡热水就好了

跑步后小腿疼痛并非都由于肌肉疲劳，如果是外胫夹，胫骨内侧缘会出现疼痛，并且皮温会升高。这时应进行冷敷治疗以减少其炎性反应，注意不要热敷，热敷只会让症状加重。

常见误区 2 我忙碌时都踩台阶拉伸小腿肌肉，怎么仍然会胫部疼痛？

胫部疼痛中的外胫夹多由胫前肌疲劳所致，踩台阶的方法只能拉伸到后侧肌肉，对胫前肌无效。胫前肌是一块很难进行拉伸的肌肉，除拉伸外还应配合滚泡沫轴的方法进行放松。

足底筋膜炎

致病原因

足底筋膜炎是足底筋膜反复受力或过度紧张引起的足底部炎症（图1.5），严重时会导致足底筋膜发生细微的撕裂。

足底筋膜是足底贯穿于足趾与足跟之间的厚厚的束带状结缔组织。它的作用是维持足弓正常的形态，当足部负重时，它会伸长并拉紧。

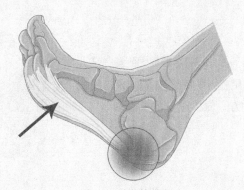

图1.5　足底筋膜炎

足底筋膜炎的致病因素主要有以下几个方面。

★负荷过大

超负荷压力的长期作用是足底筋膜疼痛的主要原因。长时间走路，例如登山、徒步旅行、逛商店等，很容易引起足底筋膜炎。此外，体重过重和鞋不合适也是重要的致病因素。

★足部结构异常

扁平足、高弓足、跟腱过短等足部结构异常的人群，可能因长期行走姿势不当、足底筋膜受到异常的拉力而产生损伤。

★小腿肌肉力量不足

小腿肌肉力量弱会导致负重时足底筋膜受力更大，更易产生损伤。

识别方法

　　足底筋膜炎可发生于单侧足部，也可发生于双侧足部，主要表现为承重时足底近足跟的部位出现疼痛，疼痛可持续数月至数年。尤其是晨起刚下床时或久坐不动后的前几步疼痛最明显，适当活动后疼痛减轻，但如果行走过度，足底筋膜被拉伸的次数增加，症状又会加重。

日常预防

★拉伸放松和关节活动度练习

足底筋膜伸展练习

　　坐在地面或椅子上，一侧手抓住同侧脚趾并将其拉向足背，直至感到足底有牵拉感。保持该姿势45~60秒为1组，做3组，换对侧重复。

滚罐头或踩球练习

　　使用材质较硬的罐头或球作为辅助工具。一侧脚踩在罐头或球上，前后来回滚动3~5分钟为1组，做1组。练习时，注意动作要慢，让足底充分舒展。可以通过增加踩压罐头或球的力度增加练习难度。

踝泵练习

身体呈坐姿，进行踝关节各个方向的活动，例如，让踝关节顺时针旋转、逆时针旋转，以及勾脚、向下压脚。每个方向的活动进行15次为1组，做1组。

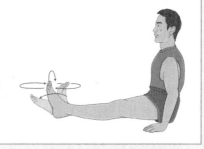

★强化力量练习

抓毛巾练习

将一条毛巾放在地面上，将双脚平放于毛巾上，用脚趾抓住毛巾，然后放开。重复10~20次为1组，做3组。

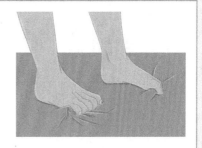

脚趾抓弹珠练习

将一颗弹珠放在地面上，用一侧脚的脚趾将弹珠抓起，然后放开。重复10~20次为1组，做3组，换对侧重复。

提踵练习

站立，抬起足跟，保持2~4秒后缓慢地放下足跟。重复10~20次为1组，做3组。可以手扶椅子，以保持平衡。

★ 使用护具

通过使用具有足弓支撑作用的鞋袜、矫形鞋垫或肌内效贴布贴扎（图1.6）来减轻足底筋膜的负荷。

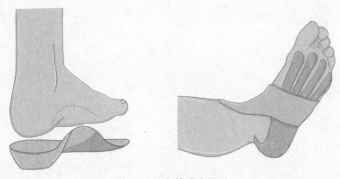

图1.6 足底筋膜炎护具

治疗方法

一般来说足底筋膜炎患者可通过休息有效地缓解症状，休息缓解效果不佳或症状反复加重的患者需要寻求运动医学专家的帮助。早期炎症比较明显时可外用、口服非甾体抗炎药（如扶他林、芬必得等）治疗。病史较长的患者可以应用超声波、冲击波等理疗手段。前文预防部分提到的拉伸放松和关节活动度练习、针对足部和小腿的强化力量练习及使用护具等手段同样可应用于治疗，但进行拉伸时应注意控制强度，不宜过度拉伸。

从生物力学的观点来看，足底筋膜为足弓的主要支撑，它可以吸收在正常步态周期中着地期所产生的反作用力。任何可能导致足底筋膜异常受力的因素都可导致筋膜及其附着部的组织发生损伤。因此，在治疗炎症的同时，去除病因，积极矫正致使足底筋膜异常受力的动作，才能取得良好持久的治疗效果。

患者小故事

龚先生由于长时间行走、登山、徒步旅行等，足底疼痛，表现为晨起初始几步的疼痛尤为明显，走几步后疼痛稍有缓解，行走过度时疼痛再次加剧。经查体，医生发现他的足跟脂肪垫压痛，小腿肌肉紧张、僵硬，B超检查可见筋膜水肿、增厚。龚先生到某康复诊所就诊，医生给予以下治疗方案。（1）冲击波治疗：每周治疗1次，4次为1个疗程。（2）康复训练：松解筋膜和肌肉，包括足底筋膜、小腿三头肌、胫骨前肌；拉伸足底筋膜和小腿后群肌（腓肠肌、比目鱼肌）；步态训练等。（3）防护：运动时足底使用贴布贴扎。一个月后，龚先生的足底疼痛症状明显减轻。

常见误区❶ 得了足底筋膜炎，每次晨起刚下地或久坐不动后的前几步最疼，活动一会儿后症状减轻，可见要使劲儿运动

活动后疼痛减轻主要是因为经过长时间的休息，足底筋膜未负重，处在较为紧绷的状态；当早晨下床踩地时，足底筋膜受到较大较快的拉伸，从而引起疼痛；在行走一段时间后，足底筋膜变得较松，因而症状会缓解。但如果过度行走，足底筋膜被拉伸的次数增加，症状就会又出现。

常见误区❷ 足底筋膜炎患者的X光片显示足跟部有骨赘，所以疼痛是由骨赘引发的

骨赘也就是人们非常熟悉的"骨刺"，它是人体自然老化的产物。骨赘本身不引发疼痛，但筋膜跟骨止点部的骨赘往往提示了此部位常年承受的拉力较多，这是产生足底筋膜炎从而导致足底疼痛的主要原因。

第2章 健步走

1 健步走——一个说走就走的简单运动

健步走是一种以促进身心健康为目的、以步行进行的健身运动。健步走简单、经济，不受时间、地点和年龄的限制，参与者不易产生运动损伤。健步走是一项适合所有人群的运动。

健步走的特点和适合人群

健步走适合各个年龄段和各个运动水平的锻炼者，对运动时间和场地没有特别的要求，所需装备也很简单。它是一种低强度的日常健身方式，能够有效地提升锻炼者的心肺功能和耐力，因此受到大众青睐。

健步走
的特点和适合人群

- ◎ 适合各个年龄段和各个运动水平的锻炼者。
- ◎ 对运动时间和场地没有特别的要求。
- ◎ 装备简单。
- ◎ 运动强度低，可当作日常健身方式。

健步走的益处

健步走是一项适合各个年龄段人群的运动，能提升心肺功能和耐力，还有减脂塑形效果。健步走也是适合一些慢性病患者的运动，如糖尿病患者、心脏病患者、肥胖症患者等，有稳定血压和血糖、降低心脑血管系统发生意外的风险、控制体重等作用。

☑ 能够提升心肺功能和耐力。
☑ 有减脂塑形效果。
☑ 有稳定血压和血糖、降低心脑血管系统发生意外的风险、控制体重
等作用。

2 这样走可以避免损伤

健步走是一项低强度的健身运动，但长期以不当方式进行健步走也会引起肌肉劳损等问题。锻炼者如果将健步走作为日常健身方式，要注意运动姿势的规范和运动强度的控制。

健步走的正确姿势

健步走是一种在自然行走的基础上发展而成的运动。健步走时，锻炼者要注意以下几个要点，才能达到健身的效果，并且防止运动损伤的发生。

★自然呼吸，躯干挺直，双臂前后摆动

身体放松，自然呼吸。抬头挺胸，目视前方，躯干挺直。肘关节自然弯曲，双臂以肩关节为轴自然地前后摆动。

★重心落在足跟并快速地过渡到前足

身体重心落在足跟，即足跟先着地，然后快速将身体重心过渡到前足，最后前足推离地面。

★步伐长度适中

健步走的标准步伐长度一般是身高 × 0.3，步伐过大或过小都会导致锻炼者疲劳。如果是快步走，步伐应稍微大一点，可以保持在身高 × 0.5左右。以身高160厘米的人为例，其标准步伐长度是48厘米左右，快步走时的步伐长度是80厘米左右。

★足尖踢出时外旋5～10度

走路的时候，锻炼者两个膝关节左右分开不宜过多，以内侧几乎在同一平面为宜。足尖踢出时外旋5～10度为宜。

还要注意的是，健步走时锻炼者的上下肢应协调运动，并配合深而均匀的呼吸。

健步走的正确姿势如图2.1所示。

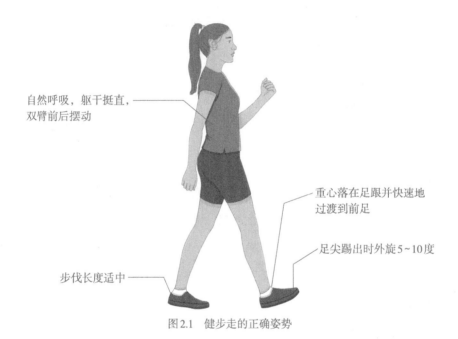

自然呼吸，躯干挺直，双臂前后摆动

重心落在足跟并快速地过渡到前足

足尖踢出时外旋5～10度

步伐长度适中

图2.1　健步走的正确姿势

健步走的配速

健步走的速度是决定锻炼效果的关键因素。健步走通常分为四种：慢速走（速度为70～90步/分）、中速走（速度为91～120步/分）、快速走（速度为121～140步/分）、极快速走（速度大于140步/分）。每分钟走的步数并非区分慢速走、快速走的唯一标准，也有学者以锻炼者的心率为区分标准，将使锻炼者的心率超过120次/分的健步走速度定义为快速走。每个人需要根据自身的实际情况选择合适的配速。老年人、下肢疼痛者或慢性损伤患者需要从慢速走开始，持续锻炼一定的时间或距离后，如果无明显不适感，可根据自身情况适当提高配速。

慢速走	中速走	快速走	极快速走
速度为70~90步/分	速度为91~120步/分	速度为121~140步/分	速度大于140步/分

3 健步走常见损伤的预防和治疗

长期以不正确的方式进行健步走会在收获健身效果的同时，对膝关节、踝关节、髋关节等造成一定的磨损。健步走锻炼者常见的损伤是膝骨关节炎和踝关节扭伤。

膝骨关节炎

致病原因

需要明确指出的是，健步走这类运动强度较低的运动不是膝骨关节炎的直接致病原因。膝骨关节炎是一种系统性疾病，致病因素较为复杂，包括膝关节周围肌肉萎缩、骨关节边缘硬化、软骨严重损坏、韧带和关节囊松弛、滑膜增生肿胀、骨刺形成、半月板损伤等一系列原因。膝骨关节炎患者会出现体力活动减少、关节功能失调或衰退等症状。膝骨关节炎患者在疾病的急性期不适合进行健步走，这是因为在膝关节疼痛、肿胀的情况下，健步走会加重膝关节负担，导致症状加重。

但是，在膝骨关节炎的缓解期，进行适量的健步走运动有助于患者保持有氧能力，增大关节活动范围，提高肌肉力量，还有助于减轻膝关节疼痛，增强关节功能，提高生活质量。

识别方法

患有膝骨关节炎的人群主要的症状是膝关节有不同程度的疼痛，通常疼痛程度随着病程的发展缓慢提升。多数患者在刚开始活动时，膝关节疼痛明显；稍微活动之后，疼痛减轻；负重和膝关节活动过多时，疼痛又会加重。这些症状也是骨关节疾病的共同特点。在上下台阶、跑步、跳跃时，膝关节疼痛和无力感更为明显。有些膝骨关节炎患者还可能出现下肢畸形，常见的有膝内翻，即 O 形腿。

日常预防

★注意膝关节保暖

尽量穿着长裤，不要把膝关节直接暴露在冷空气中。老年人可以穿戴护膝，一方面可以保暖，另一方面可以有效防止膝关节受伤。

★劳逸结合

避免关节过度负重或长时间处于某一体位，尤其不能让膝关节长时间保持小于 90 度的状态。不要久坐、久站。应适当活动关节，进行运动强度较低的健步走、游泳等锻炼。

★减轻体重

膝关节是全身负荷最重的关节之一，减轻体重也会减轻膝关节的负担。如果体重超标，应该节制饮食，减轻体重，以减轻膝关节的负担。饮食应少油少盐，多摄取富含蛋白质、维生素及矿物质的食物。

★合理使用护具

在健步走过程中，可以使用登山杖等护具来减轻膝关节的负担，也可以使用运动型护膝来防止膝关节过度用力或急性扭伤。

★进行功能性训练

日常生活中除了注意以上几方面外，还可以积极地进行功能性训练来提升膝关节的功能，增强下肢肌力。功能性训练主要包括以下几个练习。

仰卧抬腿练习

仰卧，双腿伸直，一侧腿不动，对侧腿上抬15~20厘米5秒后放下。重复10~20次为1组，做3组，换对侧重复。该练习有助于提升膝前方股四头肌的力量。

15~20厘米

俯卧屈膝抗阻练习

俯卧，将弹力带一端固定，另一端套在一侧脚踝上，该侧小腿抬至与地面垂直，然后放下。重复10~15次为1组，做3组，换对侧重复。该练习主要提升膝后肌肉的力量。

站立位伸髋抗阻练习

站立，将弹力带一端固定，另一端套在一侧脚踝上，该侧腿保持伸直并向后伸髋，然后回到起始姿势。重复10~15次为1组，做3组，换对侧重复。

站立位大腿内收肌练习

站立，手扶身后椅子的靠背，将弹力带一端固定，另一端套在一侧脚踝上，该侧腿保持伸直并向内收，然后回到起始姿势。重复10~15次为1组，做3组，换对侧重复。

站立位大腿外展肌练习

　　站立，手扶身后椅子的靠背，将弹力带一端固定，另一端套在一侧脚踝上，该侧腿保持伸直并向外展，然后回到起始姿势。重复10~15次为1组，做3组，换对侧重复。

坐位膝关节屈伸练习

　　身体呈坐姿，套弹力带的一侧腿屈曲，然后伸直。重复10~15次为1组，做3组，换对侧重复。该练习可以提升膝关节活动范围。练习时，全程上半身保持不动。

治疗方法

　　膝骨关节炎的病理发展过程是不可逆转的。不过在疾病早期，我们可以通过休息、理疗、使用外用药、口服药物或接受关节注射治疗，同时配合前文提到的功能性训练及其他日常预防方法，来减轻疼痛、降低疼痛频率，从而减慢疾病的发展速度。

　　对患有膝骨关节炎的患者来说，长期服用相应的治疗药物可能有副作用，还可能引起严重的并发症。可以在降低运动强度、加强下肢肌力训练的基础上，根据医生等专业人士的建议，适当服用一些保护关节软骨的药物。

　　如果上面提到的治疗方法不能起到良好的疗效，医生可能会建议采用手术治疗的方式。手术治疗包括保留原有膝关节的治疗和关节置换治疗，前者常采用关节镜手术和胫骨高位截骨术等。值得注意的是，患者不管采用哪一种手术治疗方式，都需进行术后康复训练，甚至有时还需要进行一定的术前康复训练，以保证治疗效果。

膝骨关节炎的预防、治疗是医学临床研究的重点，目前已经取得很好的研究成果。因此，需要提醒大家，尤其是老年人，如果发现自己的症状（如疼痛、活动受限等）越来越严重，千万不要忍着或自行吃止痛药，而应及时求医，积极配合医生治疗，调整运动方式，采用综合治疗措施和进行康复训练。

患者小故事

王女士，60岁，三年前出现左膝关节疼痛，尤其在上、下楼梯时症状更为严重，无明显诱因。近一个月来，王女士的左膝关节出现肿胀、疼痛加剧、皮温较对侧高等症状，左下肢触觉、痛觉正常。王女士到医院接受左膝关节穿刺术，并进行了X光和核磁共振等检查后，又进行了左膝关节镜检查。在左膝关节镜检查中，医生发现其关节内滑膜增生，关节面软骨磨损、剥脱严重，广泛骨赘增生，髁间窝狭窄，半月板撕裂。随后王女士进行了手术，但术后效果不佳，后又进行了左侧人工全膝关节表面置换术。第二次手术顺利，术后第2天王女士便可以下地行走。王女士术后坚持康复训练，2个月后步态基本恢复正常。

常见误区 ❶ 膝骨关节炎是一种老年病，只能依靠医生治疗

膝骨关节炎的治疗不能完全依靠医生。在膝骨关节炎的治疗过程中，患者处于主导地位，医生只起到指导和辅助的作用。膝骨关节炎患者必须放下心理负担，正视并正确认识该疾病，积极配合医生，有效控制体重，调整运动方式，采用综合性的治疗措施和康复训练措施，将医学治疗融于日常生活中，形成良好的生活方式，才能最终战胜该疾病。

常见误区 ❷ 既然膝骨关节炎是一种疾病，吃药、打针、理疗才是治疗

膝骨关节炎患者的下肢肌肉萎缩且力量下降，应及时调整运动量，同时加强下肢肌力训练，避免膝关节的磨损或意外损伤。所以，从病因角度讲，重要的预防和治疗方式是增强下肢肌力。而要达到这一目的，患者需要在专业医生或康复治疗师的指导下进行科学的下肢肌力训练及其他适合的训练。

常见误区 ❸ 膝骨关节炎是一种老年慢性病，需要长期服药

目前临床上使用药物治疗膝骨关节炎主要是缓解症状，并不能逆转膝骨关节炎的病理发展过程。而且长期服相应的治疗药物可能产生副作用，还可能引起严重的并发症。在降低运动强度、加强下肢肌力训练的基础上，服用保护关节软骨的药物，是一种更科学的治疗方法。

踝关节扭伤

致病原因

踝关节扭伤就是我们常说的"崴脚"，是运动损伤中最常见的，处理不当可能会引发其他踝关节损伤。踝关节扭伤一般由不当扭转、翻转踝关节导致。当踝关节的旋扭角度过大时，踝关节的韧带就会发生损伤。当健步走的路面不平整或运动鞋选择不当时，就可能发生踝关节扭伤。

识别方法

踝关节扭伤的早期症状主要是踝关节局部疼痛和肿胀，如果扭伤没有得到及时治疗，症状可能会因为活动进一步加重，甚至变为慢性踝关节不稳定，导致踝关节撞击综合征、踝骨关节病等疾病的发生。

踝关节扭伤早期可能症状不明显，但后期可能症状越来越严重，甚至会影响工作和生活，所以需要尽早治疗，以保证生活质量。

日常预防

★控制体重

体重过大会给踝关节带来较大的负担，很容易引起踝关节扭伤。

★加强力量和本体感觉训练

提升踝关节周围力量能更好地稳定关节，避免再次扭伤。本体感觉是指关节的位置觉和平衡觉。良好的本体感觉能够让神经对肌肉收缩做出快速反应，动员肌肉对关节进行及时有效的保护。

提踵练习

站立，抬起足跟，保持2~4秒后缓慢地放下足跟。重复10~15次为1组，做3组。可以手扶椅子，以保持平衡。

小腿后侧肌练习

套弹力带一侧脚的踝关节按图中箭头所指方向运动。重复10~15次为1组，做3组，换对侧重复。

小腿前群肌练习

将弹力带一端固定，另一端套在一侧脚上，该侧脚的踝关节按图中箭头所指方向进行运动。重复10~15次为1组，做3组，换对侧重复。

平衡练习

单腿站立，保持30~60秒（视个人能力而定）为1组，做3组。

治疗方法

踝关节扭伤后应及时处理，运动爱好者可根据POLICE原则，即保护（Protect）、适当负重（Optimal Loading）、冰敷（Ice）、加压包扎（Compression）、抬高患肢（Elevation），进行预先处理，之后再寻医治疗。一些人认为，踝关节扭伤是个小毛病，不用上医院，结果延误治疗。例如，有些撕脱骨折患者错过了早期最佳治疗时机，给踝关节功能恢复埋下隐患。踝关节扭伤后脚踝肿痛者应立即到医院就诊，拍片排除踝关节骨折的可能性。如果是韧带损伤，要选用弹力绷带、气垫夹板、支具或高分子石膏等进行固定。

★保护

踝关节扭伤早期，患者应尽量避免活动，用护踝或气垫夹板对踝关节进行有效固定，消除肿胀，避免软组织再损伤，促进韧带的生长愈合。

★适当负重

任何负重都有可能加重损伤，甚至造成二次损伤。为尽可能减少负重对踝关节的刺激，踝关节扭伤患者可采取适当负重或使用拐杖承担部分负重的方式活动。

★冰敷

踝关节扭伤后由于韧带软组织撕裂、小血管破裂、组织液渗出增多，踝关节局部会出现疼痛、肿胀等症状，并且逐渐加重。

正确的做法是在扭伤后24~48小时内对患处进行冰敷，这样可以收缩血管，减少出血水肿。安全起见，可采用冰水混合物进行冰敷，让冰敷温度稳定在零度，这样才能进行长时间冰敷，而且能避免冻伤。有些人踝关节扭伤后，立即采用局部热敷的办法减轻疼痛。这样做虽然能让患者感到暂时的舒适，但会造成出血及渗液增加，进一步提高肿胀的程度。

★加压包扎

不少人认为踝关节扭伤后采用外固定很麻烦，影响行走，所以不愿固定。其实踝关节扭伤后固定制动有助于消肿、减轻疼痛，促进软组织损伤的恢复。

★抬高患肢

在条件允许的情况下，将扭伤的踝关节抬高至心脏平面以上，这样可以有效促进下肢血液回流，有助于消除踝关节的肿胀。在日常工作和生活中，尽量抬高受伤的踝关节，防止血液回流受阻、肿胀疼痛加重等情况的出现。

在踝关节扭伤急性期症状缓解后（一般为扭伤8周后），可进行改善踝关节周围力量和本体感觉的训练，以防再次扭伤。

患者小故事

张某6年前打篮球时不慎扭伤左侧踝关节，当时踝关节外侧出现比较明显的肿胀和疼痛，走路很吃力。他到医院就诊，医生诊断为踝关节距腓前韧带撕裂，给予充气夹板固定6~8周的治疗处理。但张某在2周后就感觉踝关节不肿也不疼了，随即拆除了夹板，恢复正常运动。此后，他经常出现崴脚症状，但也没有注意。他的踝关节不稳定和肿痛症状越来越严重，因此前往医院复查，结果医生告诉他，因为他的第一次扭伤没有彻底治愈，现在已经发展为慢性踝关节不稳定；并出现前踝和后踝的骨刺撞击，需要手术治疗。张某接受了手术治疗，随后又进行了3个月的康复训练，最终重返运动。

常见误区❶ 踝关节扭伤后应立即热敷

有些人踝关节扭伤后立即进行局部热敷，这样做虽然可以暂时减轻疼痛，但会造成出血及渗液增加，进一步提高肿胀的程度。正确的处理方法是在扭伤后24~48小时之内进行局部冰敷，这样能收缩血管、减少出血水肿。关节只要肿胀就不建议热敷。

常见误区❷ 踝关节扭伤后，休息1~2周就能痊愈

踝关节扭伤一般伴有踝关节周围韧带的损伤甚至撕裂，即使给予踝关节良好的外固定，也需要6~8周的时间才能愈合，因此，踝关节第一次出现严重扭伤时，一定要坚持固定，减少出现后遗症的风险。如果踝关节反复扭伤，经久不愈，可能还需要进行手术治疗，对韧带进行修补或重建。

第3章 骑行

1 骑行——能提高记忆力的运动

说到骑行，必须要提到自行车，它诞生在欧洲，普及于中国。

随着国务院正式发布《全民健身计划（2016—2020年）》，骑行成为一项国家大力发展的运动项目。有关数据显示，2015年我国骑行运动爱好者约有600万人，其中30%～40%参与竞技赛事，60%～70%只是跟随当地俱乐部参与周末骑游活动，并未参与竞技赛事。

2016年，我国人均购买自行车相关产品的数量比2015年增长了20%，其中购买单价5000元以上的产品的数量增长了10%以上，由此可见，骑行爱好者正由"业余"向"半专业化"转变。随着各地骑行俱乐部数量的迅速增长，骑行的队伍也在逐渐壮大。然而在加入骑行队伍之前，骑行爱好者一定要做好基础工作，了解骑行常见的运动损伤和处理办法，以做好自我保护。

骑行的特点和适合人群

骑行是一项运动强度适中、锻炼效果比较明显的健身活动。骑行简单易学，适合老、中、青年，但并不是人人都适合骑行。以下六类人群不适合骑行：①严重的高血压患者；②心脏病患者；③有癫痫病史的人；④血栓闭塞性脉管炎患者；⑤孕妇；⑥年龄过小的儿童。

骑行
的特点和适合人群

- ◉ 运动强度适中，锻炼效果明显。
- ◉ 简单易学。
- ◉ 适合各年龄段人群，但并非人人适合。

骑行的益处

骑行是一种全身性有氧活动，可以增强心血管功能、加快人体的新陈代谢和增强免疫力，并且可以有效地提升大脑、心脏等人体器官的机能。

骑行还可以改善记忆力。不论是对记忆力较强还是较弱的人来说，骑行都具有提高记忆力的作用。骑行还可以缓解帕金森症状，改善与运动有关的大脑区域的活动情况。

另外，有研究发现，对骨关节病患者来说，在减轻关节疼痛、缓解关节僵硬程度、减小关节活动限制方面，骑行能起到和游泳类似的作用。

骑行
的益处

- ☑ 增强心血管功能。
- ☑ 加快人体的新陈代谢和增强免疫力。
- ☑ 有效地提升大脑、心脏等人体器官的机能。
- ☑ 改善记忆力。
- ☑ 改善与运动有关的大脑区域的活动情况。
- ☑ 减轻关节疼痛、缓解关节僵硬程度、减小关节活动限制。

2 这样骑行可以避免损伤

很多的业余骑行爱好者没有接受过专业的指导，时常因骑行姿势不正确或遇到紧急情况时不能正确应对而受伤。下面详细介绍一下自行车的调整、骑行的正确姿势、骑行前的热身、骑行中必要的个人防护、合理的骑行计划、合适的骑行工具。

自行车的调整

★坐垫调整

将坐垫调成水平，坐垫的前端上翘会影响人体血液循环，压迫前列腺（对于男性而言）；坐垫的后端上翘会让人坐不稳。对坐垫高度要求不是很严格的话，可以这样简单地来调整高度：坐在坐垫上，将脚踏放到最低时，脚跟能踩到脚踏。切记不能将坐垫调得太高，否则会造成肌肉拉伤，而坐垫调得太低则会影响发力。合适的坐垫高度如图3.1所示。

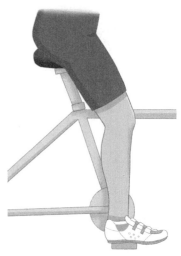

图3.1 合适的坐垫高度

★车把调整

车把应比骑行者的肩部略宽，太宽容易导致骑行者身体前倾，使腰背部和手部的肌肉受力过多；太窄则会影响操控。车把的高度以使身体自然前倾、手臂略微弯曲的高度为宜。手臂伸直会失去缓冲，容易造成肘关节受伤。

★手刹调整

调整手刹时以手腕伸直、手背与手臂呈一条直线为宜，以免手腕肌肉疲劳。骑行时，手的食指和中指要随时放在手刹上，以应对随时可能发生的紧急情况。

骑行的正确姿势

健身运动中的所有动作都是以有锻炼效果和安全为前提的，骑行也要使用准确规范的姿势。只有姿势标准了，骑行才能起到良好的锻炼效果，同时减少运动损伤的发生。

骑行的正确姿势如图3.2所示，包括以下几个方面：全身放松，背部自然弯曲，尽量舒展胸腔和腹部，这样有利于呼吸；双臂自然弯曲，肘部稍微向外侧弯曲；臀部坐在车座前三分之二处，这样可以减轻臀部的压力，使骑行更舒适。

背部自然弯曲，尽量
舒展胸腔和腹部

双臂自然弯曲，肘部
稍微向外侧弯曲

臀部坐在车座前
三分之二处

图3.2 骑行的正确姿势

骑行前的热身

所有骑行者都要在骑行前做好热身运动。正式骑行前，应通过慢跑、快速走或慢速骑行来将心率提升至靶心率（一般指能有效且安全地提高心血管系统机能的有氧运动心率）的40%~50%。还要做好躯干和四肢的拉伸，并进行有助于提升各个关节活动范围的练习。

骑行中必要的个人防护

骑行中应做好个人防护，注意安全。骑行者应穿着骑行服，佩戴头盔、护腕、护膝等护具，防止发生运动损伤。

合理的骑行计划

一定要根据自身的情况，制订循序渐进的骑行计划，避免设定难以完成的骑行目标。

合适的骑行工具

应根据身高、肩宽、髋高、脚宽等身体条件来选配骑行工具。参数合适的骑行工具有助于固定良好的骑行姿势，纠正不当的骑行习惯，从而提高骑行效率，避免运动损伤。

3 骑行常见损伤的预防和治疗

随着我国骑行运动的开展和逐渐普及，骑行者人数不断增加，但损伤率也呈上升趋势。伤病已经成了阻碍我国骑行运动发展的一个重要因素。骑行常见的伤病是髌腱炎和腰背部疼痛。

髌腱炎

致病原因

髌腱为连接髌骨与胫骨之间的粗大的条索状结构，是重要的伸膝装置，在控制膝关节的屈伸运动中起着重要的作用。有髌腱我们才能骑行、踢球、跳跃等。

骑行非常容易造成的损伤就是髌腱炎。膝关节长期进行超负荷的跑跳运动、反复屈伸运动，受凉，或在急性外伤后未彻底痊愈、拖延病情，就容易造成髌腱炎。髌腱炎又称跳跃者膝，多发生于从事跑跳运动的运动员，非专业运动员长期不运动后突然进行超负荷的运动也容易患髌腱炎。另外，平时骑行过度、骑行姿势不规范也非常容易患髌腱炎。

识别方法

髌腱炎患者大多在蹲跳时感到疼痛，包括髌骨下方粗大的条索状结构疼痛不适及髌骨下深压痛，平路行走时可能没有明显症状。

髌腱炎分为四期：第一期，运动后出现疼痛；第二期，开始运动时出现疼痛，运动过程中疼痛消失，运动后又出现疼痛，并且感到疲劳；第三期，运动时和平时都会出现疼痛；第四期，髌腱撕裂。

日常预防

★避免超负荷跑跳或骑行

预防髌腱炎的重点是不要超负荷跑跳或骑行，尤其是在初次运动或休息一段时间后再次运动时要避免过度运动，一定要循序渐进地提升强度。

★充分热身

骑行前进行膝关节的热身运动，包括屈伸膝的练习，充分拉伸膝关节前方的股四头肌和后方的腘绳肌。

★调整坐垫高度

骑行前把自行车的坐垫调整到合适的高度。这一点非常重要，因为膝关节屈曲的角度越大，髌腱就越紧，承受的压力也越大，这会引起反复摩擦，从而更容易损伤整个膝关节。

很多人习惯性地将坐垫调整到坐下后双脚可以同时着地的高度，这是不科学的。科学的坐垫高度的计算公式如下。

$$坐垫高度 = 髋高 \times 0.885$$

之后再凭借骑行感觉微调坐垫高度，一般脚踩脚踏在最低点时，膝关节屈曲15~30度即可。

★加强膝关节周围肌群的力量和拉伸膝关节周围肌群

平时加强膝关节周围肌群力量的锻炼（参照第27页和第28页的练习），可以大大减少膝关节的损伤。同时，要进行拉伸膝关节周围肌群的肌肉练习。

拉伸腘绳肌练习

站立，拉伸腿伸直并抬高，向前俯身至大腿后侧感到紧绷或轻微酸痛。保持此姿势45~60秒为1组，做3组，换对侧重复。练习时，保持背部挺直，拉伸腿尽量不要弯曲，手尽量触碰脚尖。

拉伸胫骨前肌和股四头肌练习

　　一侧手握住同侧脚踝或足部，保持身体平衡，将其拉向同侧臀部至大腿前侧和小腿前侧感到紧绷或轻微酸痛为止。保持该姿势45~60秒为1组，做3组，换对侧重复。

★注意保暖和保护

　　寒冷天气骑行时需要注意膝关节的保暖和保护，通常可以使用护膝保暖和保护膝关节。

★出现不适时注意休息

　　膝关节出现不适，可能是髌腱炎的早期症状，应该注意休息，降低运动强度，必要时及时就医，避免拖延导致病情加重。

治疗方法

　　运动后膝关节前方以及髌腱区出现疼痛不适时，可以冰敷5分钟，然后顺着韧带方向按摩数次，这样能有效地减轻疼痛。

　　如果确诊髌腱炎，患者应该减少活动，多休息，同时配合理疗，如微波治疗、超声波治疗、冲击波治疗等；也可以适当进行膝关节周围肌群力量训练；必要时需要口服以及外用非甾体抗炎药，如扶他林等。不建议局部注射激素，避免髌腱脆性增加造成髌腱断裂。可通过注射富血小板血浆（PRP）等减轻症状。

　　早期髌腱炎患者一般通过非手术治疗就可以痊愈。如果非手术治疗无效，医生一般采用关节镜手术来清理患者发炎病变的组织。

　　另外，髌腱炎有时会并发膝关节其他病变，如半月板损伤、髌骨软化症、膝关节滑膜炎等。所以一旦膝关节出现疼痛、肿胀、交锁（指关节进行活动时突然受限，就像关节被"锁住"）等症状，请及时就医，避免延误病情。

患者小故事

　　小王是一名骑行爱好者，没有经过专业的训练。小王在网上买了一辆专业越野自行车并自行进行组装。为方便骑行，他将坐垫调得较低。在初春的一天，小王一大早就出门骑行了。初春的早晨依然很冷，可小王下身只穿了件单薄的体能裤。在路上，小王遇见了其他骑行者，他们夸赞小王新买的自行车漂亮并邀请他一起骑行。小王很高兴，就跟他们同路骑行，一起骑过陡峭的坡路和崎岖的山路。路上小王体力逐渐不支，出现腹部酸胀不适、右膝关节酸痛的情况，但小王兴致很高，一直坚持骑完全程并和同行的骑行者约定以后一起运动。回家后小王因为劳累倒头便睡，第二天觉得腰酸背痛，右膝关节酸痛并有些肿胀，但小王没有在意这些症状。1个多月后，小王的右膝关节疼痛逐渐加重，髌腱区疼痛严重，腰背部也疼痛难忍甚至无法弯腰，不得不去医院就诊。经过膝关节核磁共振检查，他被诊断有髌腱炎和膝关节滑膜炎、腰肌劳损。经过休息、理疗、冲击波治疗、口服扶他林片及局部外用扶他林等保守治疗后，他的病情终于好转。后来小王经专业人士指导调整了坐垫高度，骑行前做热身运动，骑行后做拉伸运动，循序渐进地提高骑行强度，并注意在天冷时加强保暖，终于成为一名健康的骑行爱好者。

腰背部疼痛 ///////

致病原因

　　腰背部疼痛是骑行爱好者的常见损伤，即便是职业骑行运动员也很难避免。至少超过一半的骑行者受到腰背部疼痛的折磨。通常，除了腰背部疼痛，他们还有肩部、颈部肌肉紧张的症状。

　　腰背部疼痛的主要原因是骑行姿势不正确、车把高度不合适、骑行前没有充分热身。

识别方法

　　腰背部疼痛的主要症状为骑车时腰背部僵硬，肌肉紧张酸痛，并且在停止骑行后也无法缓解。

日常预防

★找到合适的车把高度和骑行姿势

只要能找到适合自己的车把高度和骑行姿势，就可以减少腰背部疼痛的发生概率。一般情况下，车把应与坐垫同高，这样在骑行过程中，骑行者的上半身可以保持与地面接近平行的姿势，从而减少风阻，提高速度。但对于骑行初学者或腰背部有疾病的骑行者来说，不建议选择这一车把高度，而应根据骑行感受，找到适合自己的车把高度和舒适骑行姿势。

★合理地开展腰背肌和臀肌力量训练

循序渐进地进行腰背肌和臀肌力量训练，如平板支撑、静态臀桥等练习。建议在专业人士的指导下进行训练。

平板支撑练习

俯卧，双肘和双脚脚尖撑地，身体呈一条直线。保持该姿势30~60秒为1组，做3组。练习时，注意腰背部不要塌陷，上臂和地面垂直。

腹部核心力量练习

仰卧，屈髋屈膝90度，双臂稍稍抬起。保持该姿势并进行腹式呼吸20~30秒为1组，做3组。练习时，注意腰背部贴地。

腹部核心力量练习加强版

俯卧，用一侧手和对侧膝支撑，非支撑侧的手臂和腿抬起并保持水平。保持该姿势20~30秒为1组，做3组，换对侧重复。练习时，注意腰背部不要塌陷，骨盆不要向一侧倾斜。

侧桥练习

　　侧卧，用一侧肘和一侧脚做支撑，身体保持在一条直线上。保持该姿势20~30秒为1组，做3组，换对侧重复。练习时，注意腰背部不要塌陷，支撑侧上臂与地面保持垂直，不要倾斜。

静态臀桥练习

　　仰卧，双脚分开，与肩同宽，臀部抬离地面，使躯干呈一条直线，臀部肌肉收紧。保持该姿势30秒为1组，重复做几组，直至臀部有微酸的感觉。

加强臀肌力量练习

　　屈髋屈膝下蹲，将环形弹力带套在膝盖附近，双脚依次向身体一侧迈一步，然后依次迈回起始位置。重复10~15次为1组，做3组。练习时，注意身体重心高度保持不变。

★充分热身

在每次骑行前充分热身，充分放松腰背部肌肉和颈部肌肉。

治疗方法

　　对骑行初学者来说，即使采用了上面的预防措施也无法完全避免腰背部疼痛，因为正确的骑行姿势和肌肉力量训练需要长期坚持才能达到预防腰背部疼痛的效果。

　　一旦出现腰背部疼痛就需要休息，暂时减少甚至避免运动，直至疼痛缓解或消失。必要时还需进行理疗，以及使用非甾体抗炎药和肌肉松弛药进行治疗。

同时，非常重要的一点是，需要在腰背部疼痛缓解后一周在医生等专业人士的指导下进行腰背肌和臀肌力量训练。

常见误区 ❶ 腰背部疼痛不用治疗，只要坚持锻炼就能缓解

骑行时出现腰背部疼痛应去医院就诊，如果治疗不及时，可能会导致筋膜炎等疾病，所以需要尽早明确诊断。处于疼痛急性期时不建议进行腰背部肌肉训练，而应在疼痛明显缓解后1~2周在专业人士的指导下进行力量练习。

常见误区 ❷ 膝关节酸胀疼痛只是因为肌肉劳累

膝关节是人体最复杂的关节之一，包含多条韧带、滑膜及半月板等。通常运动后的膝关节疼痛可能是肌肉疼痛，也可能由其他结构的损伤引起，因此出现膝关节酸胀疼痛时应去医院就诊，并进行全面的身体检查。

常见误区 ❸ 骑行对膝关节有保护作用，不会引起损伤

相较于爬山、爬楼、下蹲等剧烈运动而言，骑行对膝关节的损伤较小，但并非不会引起损伤。需要科学地骑行，如正确调整坐垫的高度、运动前热身、运动后合理放松肌肉、选择必要的保护装备、循序渐进地骑行等，这样才有利于健身且减少受伤的可能。

第4章 游泳

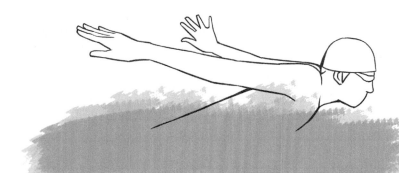

1 游泳——真正的"运动之王"

游泳素有"运动之王"的美称。对普通游泳爱好者来说，长期坚持游泳可以起到强身、健体、塑形的作用。

游泳的特点和适合人群

游泳是一项借助浮力进行的水中运动。通常成年人的身体密度约为水的98%，因而人在水中能自然漂浮。正因为浮力对身体的这种支撑作用，相对于跑步等运动，游泳时下肢的关节面受到的撞击和磨损较小。

就热量消耗而言，在靶心率相同的情况下，游泳与慢跑消耗的热量是相同的。

游泳适合各年龄段的大部分人群，包括一些患病的特殊人群，比如，关节炎患者，以及某些伤后康复人群、残疾人或身体难以完成高负荷运动的人群。

游泳
的特点和
适合人群

- ◎ 相对于跑步等运动，游泳时下肢关节面受到的撞击和磨损较小。
- ◎ 在靶心率相同的情况下，游泳消耗的热量与慢跑相同。
- ◎ 适合各年龄段的大部分人群。
- ◎ 适合一些伤后康复人群、残疾人。

游泳的益处

游泳是一项能动员全身肌肉的有氧运动。游泳能调节肌肉紧张、增强肌肉力量，并加快机体代谢、提高耐力。同时，游泳还能锻炼心肺功能、降低血压、控制血糖；有较好的减脂效果。

对于运动损伤患者来说，游泳可以帮助减轻伤后的疼痛或加快恢复的速度。有研究显示，游泳能显著减轻骨关节病患者的关节疼痛和缓解其关节僵硬，减小其关节活动限制。

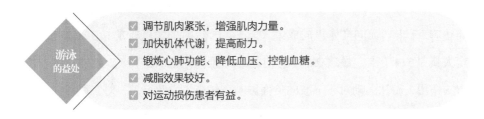

游泳
的益处

☑ 调节肌肉紧张，增强肌肉力量。
☑ 加快机体代谢，提高耐力。
☑ 锻炼心肺功能、降低血压、控制血糖。
☑ 减脂效果较好。
☑ 对运动损伤患者有益。

基于游泳的康复治疗

游泳能由外到内地改善人体的状况。对患有腰椎间盘突出症、哮喘等疾病或有控制体重需求的人群来说，游泳是一种较好的治疗方法。

★腰椎间盘突出症

游泳时，人体的脊柱由直立状态变为水平状态，这种状态下脊柱的负担减轻，腰椎间盘承受的压力也随之减小。同时，人体由于水的浮力而被托起，全身的关节几乎处于不负重的放松状态。游泳时水的波浪对腰背部的肌肉也有一定的按摩作用。

合适的水温会加快人体的血液循环，促进新陈代谢，有助于改善腰椎部位的血液供应。另外，游泳需凭借自身肢体的动作和水的相互作用协调完成，在整个过程中腰背部的肌肉有规律地进行松紧交替，可以使腰背部肌肉力量得到很好的锻炼。

★哮喘

室内泳池的潮湿环境对哮喘患者大有裨益。此外，游泳时有规律地吸气和呼气，可以提高哮喘患者的肺活量，帮助其控制自主呼吸。

这里要特别提醒的是，哮喘患者在选择泳池时，应该选择使用盐类清洁剂进行清洁的泳池，而不要选择使用含氯化合物的清洁剂进行清洁的泳池，含氯化合物的清洁剂可能会对哮喘患者不利。

★肥胖症

一位体重72.5千克的成年人以慢速或中等速度游泳1小时，消耗的热量大概是423千卡（1千卡≈4.19千焦）。如果加快游泳速度，消耗的热量甚至可以高达715千卡。而同样体重的成年人以5.6千米/时的速度行走1小时消耗的热量大概是314千卡，做瑜伽1小时消耗的热量大约是183千卡。此外，由于浮力的作用，游泳运动对于下肢的负面影响也较小。由此可见，对于肥胖症患者来说，游泳运动既能高效减重，又能降低下肢损伤的风险。

★其他疾病

游泳运动还可以减轻类风湿关节病患者、颈椎病患者等慢性病患者的症状，提高其生活质量。

②这样游可以避免损伤

游泳的益处非常多，但是，也会给锻炼者带来一定的损伤风险，比如，软组织损伤、肌肉韧带拉伤或扭伤、抽筋，以及溺水等。为了减小发生损伤或危险的可能，在游泳之前需要进行充分的准备，包括学习正确的游泳姿势、设定合理运动量和避免一些禁忌。

游泳的正确姿势

说到游泳的正确姿势，首先要提到不同的泳姿。泳姿可以分为自由泳、蛙泳、仰泳、蝶泳四种。

★自由泳

自由泳是速度非常快的一种游泳姿势，具体动作分为手臂划水和下肢打水。自由泳时要注意以下两点。

• 手臂划水时，尽量放松肩部，保持高肘入水，适当增大身体转动的幅度。

- 下肢打水时，大腿上摆，带动小腿，脚掌稍向内翻，尽量绷直脚背，足跟不露出水面。

自由泳的正确姿势如图4.1所示。

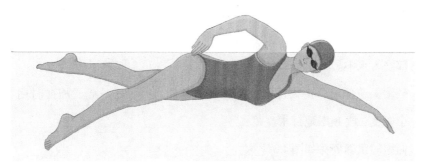

图4.1 自由泳的正确姿势

★蛙泳

蛙泳是游泳初学者通常会选择的一种游泳姿势。蛙泳也是上下肢联动的游泳方式。蛙泳时要注意以下两点。

- 手臂、腿部的交替动作要协调，尽量蹬一次腿，就划一次臂。
- 先抬头，后划臂；先伸臂，后蹬夹腿。保持动作连贯、不停顿。

蛙泳的正确姿势如图4.2所示。

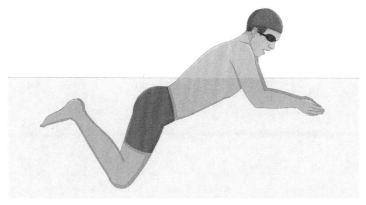

图4.2 蛙泳的正确姿势

★仰泳

仰泳是非常轻松、惬意的一种游泳姿势。仰泳时要注意以下两点。

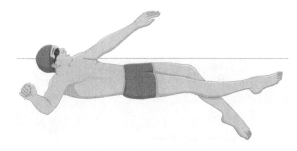

图4.3　仰泳的正确姿势

• 稍稍仰头，微微挺胸，头后部浸入水中。

• 髋关节伸展，由大腿带动小腿。腿部伸直时下压放松，屈曲时用力上踢，小幅度、高频率地打水。

仰泳的正确姿势如图4.3所示。

★蝶泳

蝶泳是四种游泳姿势中最难掌握的一种。正确的蝶泳姿势强调身体波动起伏时各个部位的配合。蝶泳时，要注意以下几点。

• 开始时，双腿并拢，足跟向上，伸直双腿，绷紧脚尖。

• 划水时，脸向下没于水中，手臂向前伸展，与肩同宽，手掌放平。

• 抓水时，手腕弯曲，手指下斜，转动并抬高手肘，为划水动作做准备。

• 换气频率因人而异，通常1~3组动作换一次气，但不必刻意按照此频率，自己觉得舒适即可。

蝶泳的正确姿势如图4.4所示。

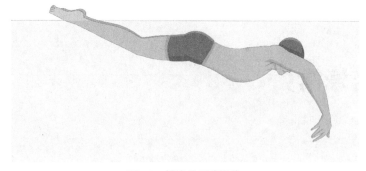

图4.4　蝶泳的正确姿势

游泳的合理运动量

对把游泳作为健身方式的人来说，如果运动量太小，对身体的锻炼作用微不足道；如果运动量太大，则会使人过度疲劳，甚至不利于身体健康。

每个人的身体情况各异，对一般的游泳爱好者来说，每周游泳2.5小时是个不错的选择。儿童可以游更长的时间，毕竟儿童每天应进行最少1小时的有氧运动，但要注意，单次游泳时间一般不宜超过2小时。健身人群可以将游泳和其他有氧运动相结合。

可通过下述方法自我检测游泳的强度是否合适。比如，如果游泳后觉得头晕、恶心、浑身乏力，则可能运动过量了。再比如，如果游泳后皮肤青紫、嘴唇发黑，身上起"鸡皮疙瘩"，甚至出现痉挛现象，则可能运动过量了。发生这些情况通常因为游泳者在水中时间过长，身体产生的热量少于在水中散去的热量，体温调节功能遭到破坏，从而引起动脉收缩和静脉扩张，出现局部的血液瘀滞。

游泳的禁忌

游泳虽好，但也需注意一些禁忌。同所有有氧运动一样，应尽量避免在饥饿时、饱餐后、酒后或因发烧等疾病身体处于虚弱状态时游泳，在这些情况下，身体可能因低水温的刺激而产生严重不适。另外，身上有开放性伤口的患者禁止游泳，避免伤口发生感染。

3 游泳常见损伤的预防和治疗

当人们游泳时，面临一定的损伤风险，比如软组织损伤、肌肉韧带拉伤或扭伤、骨折脱位等。肩关节疼痛就是困扰很多游泳爱好者的损伤。

肩关节疼痛

致病原因

肩关节疼痛中常见的是游泳肩，其大多是反复微创伤造成的运动损伤。不同于急性肩关节软组织挫伤或拉伤，游泳肩是继发于盂肱关节前向松弛和肩胛骨不稳定的肩关节运动损伤，是肩峰下撞击综合征的一种。

肩峰下撞击综合征分为原发性和继发性两种。原发性肩峰下撞击综合征是由于关节囊紧张或肩峰形态异常，肩峰和肱骨大结节反复撞击，使得撞击部位的肩袖、肱二头肌肌腱和肩峰下滑囊挤压而形成的损伤。而游泳肩通常属于继发性肩峰下撞击综合征。继发性肩峰下撞击是由反复地上举、外旋肩关节引起肩关节前方松弛、肱骨头过度前移，使得部分肌腱张力增大或肩峰下间隙变窄而形成的损伤。肩峰下撞击综合征造成的游泳肩主要见于自由泳、蝶泳和仰泳的游泳者。

游泳肩的产生还和疲劳有关。肩关节后方稳定肩胛骨的肌群中，前锯肌是将肩胛骨稳定到胸壁的重要肌肉。前锯肌能稳定肩胛骨前伸和向上翻转的作用，有助于稳定肩关节。当前锯肌疲劳时，其稳定肩胛骨的作用会减弱，这时关节囊可能不足以维持肩关节的稳定性。而当肩关节疼痛产生后，游泳者会下意识地避免诱发疼痛，导致游泳动作变形。比如，进行自由泳时，为了避免肩峰下撞击综合征的发生，游泳者在划水时上臂可能会远离身体正中线。不正确的游泳动作会使得肩关节韧带和关节囊受到异常的拉伸，进一步加剧肩关节的松弛，久而久之就会引发游泳肩。

除了肩关节的过度使用（游泳强度过大）、误用（游泳动作错误），造成游泳肩的主要原因还有肩关节的滥用、废用。滥用是指不合理地锻炼肩部肌肉。废用是指游泳者长时间不游泳也不锻炼肩部肌肉，从而导致肌肉萎缩或神经肌肉异常。此外，游泳肩的形成也和过度拉伸、自由泳单侧换气、过多使用漂浮用具等有关。

识别方法

　　游泳肩的主要症状是游泳时和游泳后出现肩关节疼痛。如果病情进一步发展，则可能在静止状态下或夜间出现肩关节疼痛，甚至出现肩关节活动受限。

　　游泳肩出现疼痛的部位在肩部的深层，因此，患者可能无法说清疼痛的具体部位。如果出现肩关节弹响并且伴有疼痛，则提示有肩关节内部软组织损伤，如上盂唇撕裂、肩袖损伤等。

日常预防

　　为了避免患上游泳肩，解决肩关节活动受限的问题，我们在日常生活中可以进行肩关节活动度练习和力量练习。

★肩关节活动度练习

　　肩关节活动度练习可以扩大肩关节的活动范围，改善肩关节粘连的问题。常见的肩关节活动度练习包括主动或被动练习，比如绕肩练习、肩关节主动屈曲练习、肩关节被动屈曲练习、肩关节主动伸展练习等。

绕肩练习

　　保持颈部处于中立位，肩部顺时针或逆时针绕圈。重复10~15次为1组，做3组。

肩关节主动屈曲练习

双手握住一根木棍，全程保持双臂伸直，屈曲肩关节至双臂与地面垂直，然后放下双臂。重复10~15次为1组，做3组。

肩关节被动屈曲练习

利用滑轮装置，一侧手臂主动发力，下拉手柄，带动对侧肩关节被动屈曲，然后换对侧重复。重复10~20次为1组，做3组。

肩关节主动伸展练习

双手握住一根长棍，置于身体后方，双臂紧贴身体。双臂缓慢向远离身体的方向抬起，然后回到起始姿势。重复20次为1组，做3组。

手臂画圈练习

　　一侧手扶桌面，对侧手臂呈自然下垂的放松状态，用躯干的力量带动该侧手臂顺时针或逆时针画圈。重复20次左右为1组，做3组，换对侧重复。该练习可以有效缓解游泳后的肩关节肌肉酸痛。

拉伸胸大肌练习

　　可以利用大小合适的门框来完成此练习。前臂和手部均贴放在门框上，肩关节外展90度，肘关节屈曲90度，将身体向前倾，直至胸部肌肉有牵拉感。保持该姿势20秒左右为1组，做3组。

★力量练习

　　合理锻炼肩部周围肌群的力量可以保护肩关节，避免损伤。需要提醒的是，进行力量训练时一定要量力而行，每次练习以肌肉感到微酸为宜。

前锯肌练习

　　仰卧，一侧手臂伸直并垂直于地面，肘关节不要弯曲，手握一只哑铃。手臂向上举至最远处，然后慢慢放下。在整个过程中，手臂保持伸直并垂直于地面。重复15~20次为1组，做3组，换对侧重复。如果手握哑铃进行练习会引起疼痛，则可以徒手进行练习。

斜方肌下束和菱形肌练习

背靠墙面，双脚可稍微离开墙面，上半身尽量紧贴墙面，腹部收紧。保持上臂紧贴墙壁，尽可能地将上臂慢慢上举至最远位置，然后回到起始姿势。重复20次左右为1组，做3组。训练时以背部感到轻微的酸痛为宜。

肩关节前侧肌群练习

面对墙面站立，一侧肘关节屈曲90度，拳头抵住墙面发力，保持5秒后放松。重复15次左右为1组，做3组，换对侧重复。

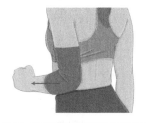

肩关节后侧肌群练习

背部靠墙站立，一侧肘关节屈曲90度，肘部抵住墙面发力，保持5秒后放松。重复15次左右为1组，做3组，换对侧重复。

★ **正确的游泳方式**

使用正确的游泳姿势对预防游泳肩也很重要。同时，应避免疲劳游泳，也不要突然增加或降低游泳强度。

治疗方法

治疗游泳肩的首要目标是缓解疼痛。要想缓解疼痛，需要让肩关节休息，多数情况下应该停止游泳或降低游泳的强度。进行理疗（超声波、超短波、电刺激）和使用非甾体抗炎药也能起到一定的缓解作用。

治疗游泳肩的次要目标是恢复肌肉力量。恢复肌肉力量需要在专业康复治疗师的指导下进行。

当肩关节疼痛发展到部分软组织出现损伤时，则需要在医生诊断后视情况选择手术治疗，包括肩关节稳定性修复或重建、肩峰下间隙的松解清理等。

常见误区 ❶　游泳后偶尔肩膀痛是肌肉酸痛，不用在意

其实区分肩部疼痛是肌肉劳损还是受伤造成的是很困难的事情。假设将疼痛的严重程度分为3种，分别是轻度疼痛、中度疼痛和重度疼痛。当你觉得肩部疼痛已经是中度疼痛，且这种疼痛在游泳的过程中影响你的表现时，如导致原本规范的游泳动作变形，应及时去医院就诊，千万不要继续游泳，因为变形的动作会给你的肩部带来额外的负担，从而增加损伤的风险或加重损伤。

常见误区 ❷　游泳对膝关节有保护作用

水中运动使下肢几乎不承受体重负荷。但是，游泳的前进动力一部分还是靠下肢产生的。尤其是在蛙泳的过程中，膝关节反复经历从屈到伸、从伸直到外翻、外旋的过程，使膝关节内侧副韧带反复受到拉伸刺激，产生劳损，可能会导致膝关节内侧疼痛、稳定性下降等问题，这就是在蛙泳运动员中发病率近75%的"蛙泳膝"。

患者小故事

23岁的小王从小就喜欢游泳，最近，他加入了新的游泳圈子。为了跟上"高手们"的节奏，小王将原本每天不到1000米的运动量调整到每天3000米。1个多月后小王的肩膀出现酸胀、疼痛的感觉，甚至晚上睡觉的时候也会疼。疼痛难忍的小王决定去医院检查。经诊断，小王的肱二头肌肌腱有炎症并伴随肩袖损伤。医生告诉他这是游泳肩，与高强度的游泳锻炼有关。后来在医生的专业指导下，小王通过休息、理疗和规律的康复训练，症状得到了缓解。

第5章 徒步与登山

1 徒步与登山——与大自然的零距离接触

徒步是指有目的地在城市郊区、农村或山野间进行中长距离走，是一种典型和普遍的户外运动。通常15千米以内的徒步称为短距离徒步，15～30千米的徒步称为中距离徒步，30千米以上的徒步称为长距离徒步。

登山是指在特定的要求下，从山峰的低海拔处向高海拔处进行攀登的运动，可以分为登山探险（也称高山探险）、竞技攀登（包括攀岩、攀冰等）和健身性登山。

徒步与登山的特点和适合人群

徒步与登山通常属于户外运动的范畴，它是以自然环境为运动场地，有时带有一定的探险或体验探险性质的运动项目。

徒步与登山对参与者的身体状况有一定的要求，通常患有以下疾病的人不宜参加该运动：慢性运动系统疾病，如关节疾病，特别是下肢关节（如髋、膝、踝关节）存在肿痛、损伤等；严重的慢性呼吸系统疾病，如慢性支气管炎、肺气肿等；严重的慢性循环系统疾病，如冠心病、高血压控制不佳、肺心病等。

徒步与登山的消耗较大，通常对参与者的视力、心肺功能、四肢肌肉力量与协调性有一定的要求，并且需要携带一定的防护装备、急救医疗用品。常用的徒步与登山防护装备包括护膝、护踝、手杖、徒步鞋或登山鞋等，如图5.1所示。

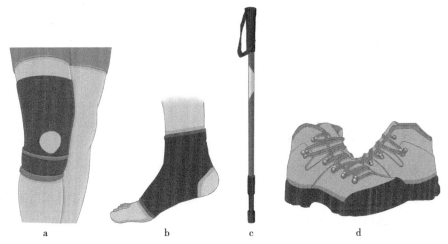

图5.1　常用的徒步与登山防护装备：a.护膝；b.护踝；c.手杖；d.徒步鞋或登山鞋

徒步与登山
的特点和
适合人群

◉ 以自然环境为运动场地，有时带有一定的探险或体验探险性质。

◉ 对参与者的身体状况有一定的要求。

◉ 需要携带一定的防护装备、急救医疗用品。

徒步与登山的益处

徒步与登山均属于户外运动，参与者在与自然的接触中既可以陶冶情操，愉悦心情，又可以锻炼身体，增强体质，还可以通过团队协作，广交良友，开阔眼界。

徒步与登山的益处

☑ 陶冶情操，愉悦心情。

☑ 锻炼身体，增强体质。

☑ 广交良友，开阔眼界。

2 这样徒步与登山可以避免损伤

徒步与登山对参与者有一定的要求。为了避免损伤，在参加该运动之前，应做以下准备。

徒步与登山前的预备锻炼

参与者在进行该运动前需要用较长的时间提升身体机能。徒步与登山对人的消耗较大、对身体机能的要求较高，需要参与者平时注意多做提升身体机能的训练，以提升耐力与协调力等。切忌一开始就进行大运动量的徒步和登山。

徒步与登山前的热身

徒步与登山前可以进行适量的热身练习，如充分活动踝关节，可避免踝关节扭伤；做膝关节屈伸练习，可提升膝关节的"反应能力"，防止跌倒。

徒步与登山必备的医疗急救和事件处理能力

对于野外徒步与登山，参与者应具备一定的医疗急救能力，如心肺复苏技能、运动损伤的急救能力、中暑的判断与治疗能力、绷带的使用技能等。同时，参与者需要配备必要的运动防护用品，如绷带、冰袋、冷敷喷剂和必要的护具等。此外，参与者还应具备一定的事件处理能力，能妥善处理途中的各种突发状况。

3 徒步与登山常见损伤的预防和治疗

徒步与登山属于有氧运动。该运动的参与者可能因为过度劳累、扭伤等出现关节疼痛。其常见的损伤症状主要有髋关节疼痛、膝关节疼痛及足底疼痛。

参与者在徒步与登山中易疼痛部位如图5.2所示。

髋关节

膝关节

足底

图5.2　参加者在徒步与登山中易疼痛部位

髋关节疼痛

　　在髋关节发育不良或患有髋关节撞击综合征的人群中，多数人的髋关节周围没有临床症状，仅少数人的髋关节周围具有疼痛、交锁等不适症状。

　　在长时间的徒步与登山后，髋关节发育不良或患有髋关节撞击综合征的人可能感到髋部疼痛，俗称"大胯疼"。参与者如果出现这类症状，应适当休息，并及时去医院就诊。

　　预防髋关节疼痛可从以下几方面入手：针对下肢和骨盆进行稳定性训练，包括股四头肌、臀中肌、腰肌和腹肌力量训练；运动时佩戴护膝等护具；使用泡沫轴等器械放松大腿、臀部及腰背部肌肉、肌腱等结构。

站立位伸髋抗阻练习

站立，将弹力带一端固定，另一端套在一侧脚踝上，该侧腿保持伸直并向后伸髋，然后回到起始姿势。重复10~15次为1组，做3组，换对侧重复。

站立位大腿内收肌练习

站立，手扶身后椅子的靠背，将弹力带一端固定，另一端套在一侧脚踝上，该侧腿保持伸直并向内收，然后回到起始姿势。重复10~15次为1组，做3组，换对侧重复。

蚌式练习

侧卧，下侧腿不动，上侧膝盖打开至极限，然后放下。重复10~20次为1组，做3组，换对侧重复。练习时，上侧手可以放在腹部，也可以放在臀部，以监测臀中肌是否在收缩。全程双脚不要分开，上半身保持不动。

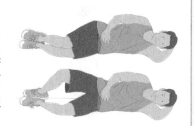

核心和臀肌练习

手握悬吊训练器手柄，下蹲至大腿与地面接近平行，然后起身站直。重复10~20次为1组，做3组。下蹲时，保持对身体的控制，通过悬吊训练器保持平衡。借助悬吊训练器，可以同时训练核心肌群和臀肌。

膝关节疼痛 ／／／／／

膝关节疼痛是徒步与登山中非常常见的一种关节疼痛，主要由以下几种伤病引起。

★髌骨软化症

髌骨软化症是指髌骨软骨的损伤，表现为蹲起过程中髌骨处疼痛，轻揉几下或热敷后疼痛缓解，下台阶或下山时疼痛加重等。需要通过核磁共振判断髌骨软化症的严重程度，一般中轻度患者可以通过锻炼膝关节肌肉力量来缓解疼痛。

★膝骨关节炎

膝骨关节炎表现为膝关节内侧或外侧间隙的压痛、膝关节反复肿胀，可伴有关节间隙的狭窄或膝关节内外翻畸形。徒步与登山运动中常见的骨关节炎多发于中老年健身人群，因为登山运动对膝关节压力较大，因此如果早期发现骨关节炎症状，则不建议继续进行徒步与登山运动。

★半月板损伤

半月板存在于股骨与胫骨之间，具有"衬垫"的作用，并能够分散膝关节的压力，保护关节软骨。长期的活动或者急性的扭伤均会导致半月板的撕裂，半月板撕裂表现为深蹲时或者膝关节伸直时关节缝疼痛，有时会出现膝关节内部有响声和关节"卡壳"的现象。

★膝关节内外侧副韧带损伤

膝关节左右两边各有一条韧带，根据所处位置不同，称为内侧副韧带和外侧副韧带，其对膝关节起到稳定作用。膝关节扭伤时往往会伤及这两条韧带，内侧副韧带更容易损伤（图5.3）。韧带损伤后一般需要用护具固定一段时间，让组织充分生长愈合。老年患者如果出

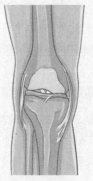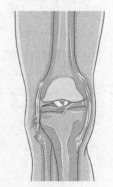

图5.3 膝关节内侧副韧带损伤

现X形腿，膝关节内侧副韧带张力增加，也会产生疼痛。

膝关节疼痛的日常预防指导与髋关节疼痛相同，详见第65、66页相关内容。

足底疼痛

徒步与登山是耐力性项目，运动量掌握不当会引发足部的劳损性症状，常见的症状是足底疼痛，主要是由足底筋膜炎（图5.4）或跟痛症引起，与长期行走有关。患有扁平足的运动人群也容易足底疼痛。足底筋膜炎的具体致病原因和日常预防指导详见第1章"足底筋膜炎"相关内容。

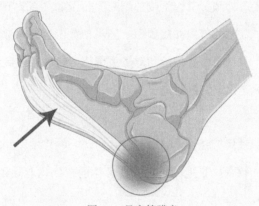

图5.4 足底筋膜炎

常见误区 ❶ 膝关节或踝关节不疼，就不需要使用运动护具

佩戴运动护具的目的是给关节提供支撑，减小关节扭伤的概率。运动护具既能起到治疗的作用，也具备预防的功能，因此膝关节或踝关节不疼时也可以使用运动护具。

常见误区 ❷ 运动过程中出现剧烈疼痛，咬咬牙坚持一下就过去了

在运动过程中一旦出现扭伤或关节、肌肉等结构剧烈疼痛，应该及时检查伤情并及时就诊，避免因"咬牙坚持"而造成更严重的损伤。

第6章 广场舞

1 广场舞——强身健体，娱乐身心

广场舞是目前中老年女性最喜爱的运动方式之一。其受场地、经济等因素的影响较小，往往一个空旷的小广场，甚至一小片空地就可以成为这项运动的场所。

广场舞的特点和适合人群

从运动的角度来讲，广场舞属于中低强度的有氧运动。与球类、长跑、登山等运动相比，进行广场舞的人群中，中老年女性占比更高。

广场舞的特点和适合人群	◉ 属于中低强度的有氧运动。
	◉ 参与者以中老年女性为主。

广场舞的益处

广场舞有益于改善心肺功能，同时对于控制"慢性富贵病"，如糖尿病、高脂血症等，也有一定的作用。因此，坚持跳广场舞可以强身健体，加快机体的新陈代谢。

☑ 改善心肺功能。

☑ 控制"慢性富贵病"。

☑ 长期坚持可以强身健体，加快机体的新陈代谢。

2 这样跳广场舞可以避免损伤

广场舞作为一项非常普及的运动，有许多需要注意的地方。跳广场舞的人数众多，以中老年女性为主。所谓"人老腿先老"，人体的关节随着年龄的增长，将不可避免地出现一些退变引起疾病，如髋关节（大胯）、膝关节的疾病。以不恰当的方式跳广场舞可能会使原有的疾病加重。

另外，广场舞是舞蹈运动的一种，有很多肩关节大范围活动的动作。如果参与者的肩关节内有骨赘（这在中老年人群中很常见），反复进行肩关节大范围活动会加重肩关节内肌腱的磨损，当磨损逐渐加重至肌腱被骨赘完全磨断后，就会患上一种叫作"肩袖损伤"的疾病。这种疾病会引发肩关节的疼痛，使手臂无法上举，严重时甚至需要进行微创手术治疗。因此，即使对于很多人来说，广场舞只是一项中低强度的健身运动，科学的运动方法、正确的运动防护也是必不可少的。

广场舞的时间

从运动时间上来讲，应该避免在一天中过早或过晚的时间跳广场舞。除了扰民的因素外，过早或过晚进行该运动可能会因为未进食或进食时间间隔过长而引发低血糖。比起年轻人，身体机能逐渐下降的中老年人发生低血糖的概率更大，严重时甚至会晕厥和危及生命。因此，应尽可能地避免在空腹的情况下跳广场舞。

当然，也不推荐在饱食后马上跳广场舞。饱食后，人体中的血液大量涌入胃肠道，肌肉中的血流量会相应地减少。这时如果进行该运动，会使肌肉中的血流量增加，心脑血管中的血流量则相应减少，从而增加发生心梗、脑梗的风险。

一般来讲，推荐进食后过至少30分钟再跳广场舞。

广场舞的强度

在跳广场舞时，一定要选择适合自己的运动强度。因为随着年龄的增长，骨量的流失在逐年增加，很多中老年人都患有骨质疏松，可能轻轻地摔一跤就会导致很严重的骨折。另外，中老年人若运动量过大，则很容易发生心脑血管意外。因此，在跳广场舞的过程中要及时调整运动强度。

初学者刚开始跳广场舞时，脚步可能无法跟上其他人的节奏，建议多加练习，等熟练之后再融入集体。千万不要勉强运动，否则可能会由于脚步凌乱而增加摔倒的风险。如果不幸摔倒，一定要进行详细的自我检查，必要时及时到医院就诊。

广场舞的装备

跳广场舞时的穿着也同样有讲究，并不是随便一身衣服、一双鞋子都适合广场舞这项运动。过于紧身的衣服会限制肢体活动，应尽可能避免。鞋子的选择则更为重要，应该尽可能按照以下三点来选择。

• 选择相对舒适、鞋底比较软的运动鞋。鞋底偏硬会加重下肢关节的负荷，加重运动过程中或运动后关节的不适感，增加受伤的风险。

• 选择防滑效果比较好的鞋，减小跌倒的概率。

• 尽量不要穿着拖鞋、皮鞋或高跟鞋等跳广场舞。

3 广场舞常见损伤的预防和治疗

关节疼痛是广场舞的常见损伤。跳广场舞的人多为中老年女性，处于这个年龄段的女性可能全身多个关节已经出现各种小问题，如果在运动过程中不注意避免不合适的动作，那么非但不能获得健身效果，还极有可能受伤。

参与者在广场舞运动中，下肢的髋关节、膝关节和足底都容易发生疼痛。本部分主要讲解髋关节疼痛，如何防治膝关节疼痛可参见第3章"髌腱炎"部分的内容，如何防治足底疼痛可参见第1章"足底筋膜炎"部分的内容。

参与者在广场舞运动中易损伤的部位如图6.1所示。

髋关节

膝关节

足底

图6.1 参与者在广场舞运动中易损伤的部位

髋关节疼痛

致病原因

髋关节是参与者在广场舞运动中容易出现不适感的关节之一。实际上，人体的髋关节与肩关节很像，均有很大的活动度，因此也有较多的软组织包绕，以维持其稳定性。但两个关节又有很多的不同之处。髋关节是典型的杵臼关节，加上一个叫作盂唇的软组织提供的真空效应，这个关节被包绕得非常紧实。当关节被包绕得过于紧实时，也容易出现一定的问题。

广场舞常包含反复扭动髋关节的动作，如果髋关节周围长有一些骨赘，那么骨赘可能会反复挤压盂唇结构，久而久之，参与者可能患上一种叫作盂唇损伤的疾病。

识别方法

多数盂唇损伤患者的整个髋关节周围会出现慢性疼痛，腹股沟、大腿外侧、臀部、腰背部甚至膝关节也可能出现疼痛。多数患者的疼痛表现为钝性疼痛，也有少数急性盂唇损伤患者的疼痛表现为撕裂一样的锐性疼痛。

日常预防

减少深蹲、髋关节过度扭转、大腿急速摆动等会给关节带去较大负荷的动作。跳广场舞前做好大腿、髋部和腰背部的热身。平时注意加强髋关节周围肌群的力量训练。

★热身练习

拉伸腘绳肌练习

站立，拉伸腿伸直并抬高，向前俯身至大腿后侧感到紧绷或轻微酸痛，保持此姿势45~60秒为1组，做3组，换对侧重复。练习时，保持背部挺直，拉伸腿尽量不要弯曲，手尽量触碰脚尖。

拉伸胫骨前肌和股四头肌练习

　　一侧手握住同侧脚踝或足部，保持身体平衡，将其拉向同侧臀部，直至大腿前侧和小腿前侧感到紧绷或轻微酸痛。保持该姿势45~60秒为1组，做3组，换对侧重复。

★强化力量练习

站立位屈髋抗阻练习

　　站立，将弹力带一端固定，另一端套在一侧脚踝上，该侧腿保持伸直并向前屈髋，然后回到起始姿势。重复10~15次为1组，做3组，换对侧重复。

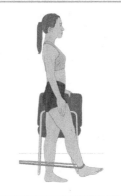

站立位伸髋抗阻练习

　　站立，将弹力带一端固定，另一端套在一侧脚踝上，该侧腿保持伸直并向后伸髋，然后回到起始姿势。重复10~15次为1组，做3组，换对侧重复。

站立位大腿内收肌练习

站立，手扶身后椅子的靠背，将弹力带一端固定，另一端套在一侧脚踝上，该侧腿保持伸直并向内收，然后回到起始姿势。重复10~15次为1组，做3组，换对侧重复。

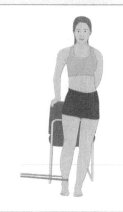

站立位大腿外展肌练习

站立，手扶身后椅子的靠背，将弹力带一端固定，另一端套在一侧脚踝上，该侧腿保持伸直并向外展，然后回到起始姿势。重复10~15次为1组，做3组，换对侧重复。

蚌式练习

侧卧，下侧腿不动，上侧膝盖打开至极限，然后放下。重复10~20次为1组，做3组，换对侧重复。练习时，上侧手可以放在腹部，也可以放在臀部，以监测臀中肌是否在收缩。全程双脚不要分开，上半身保持不动。

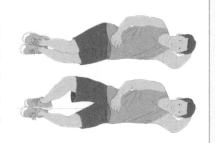

治疗方法

在跳广场舞时，如果髋关节处出现不适感，应当尽量避免做反复扭动髋关节的动作，同时在生活中也应适当减少深蹲的动作。如果症状持续，一直没有得到缓解，则应尽早去医院就诊。

常见误区❶　跳广场舞时流汗越多越好

　　广场舞作为一项中低强度的有氧运动，一般以达到全身发热、额头微微出汗的强度为宜，具体视个人情况而定。50岁人群所能耐受的运动强度显然与70岁人群是有显著差异的。因此，在跳广场舞时要选择适合自己的运动强度，而不是流汗越多越好。年龄越大，越需要降低运动强度，以避免发生心脑血管意外。

常见误区❷　广场舞的动作幅度越大越能达到锻炼的效果

　　动作幅度大确实会提高运动强度，但同样会增加关节损伤的风险。因此，广场舞的动作幅度应控制在个人觉得舒适的范围内，而不是追求极限。

第7章 球类运动

1 球类运动——趣味性的运动

在众多的健身运动中，球类运动是一种特殊的有氧运动，兼具互动性和团队合作性，又有一定的竞技性和趣味性，深受大众喜爱。其中，足球、篮球、羽毛球和乒乓球这四项球类运动在我国比较普及，大众参与度比较高。

足球运动的特点、适合人群与益处

足球运动是世界上最受瞩目的球类运动之一，在我国有坚实的群众基础，目前也是世界上普及程度、关注程度非常高的运动项目。有观点认为，我国古代的"蹴鞠"就是有史料记载的人类最早的足球运动。

足球运动可繁可简。国际足联世界杯等大型赛事一般上场球员为11人，同时也有五人制足球的大型赛事。一般的足球活动或比赛对运动场地和参与人数没有特殊要求，可以在条件合适的任意空地上进行，可以根据场地的大小增减参与人数。

足球运动是一项高强度的对抗性运动，对参与者的耐力、速度、力量、弹跳力、平衡性、协调性等身体素质均有较高要求，尤其是核心肌群的力量。虽然足球运动适合各类人群，但建议技术和身体素质水平差异不大的参与者一起进行，避免非必要的损伤。

足球运动可以强身健体，提高免疫力，提升力量、耐力、速度等身体素质。足球运动有助于增强意志力，培养积极向上、勇往直前、不怕困难、吃苦耐劳等品质，还有助于放松身心，缓解心理压力。

☑ 一般的足球活动或比赛对运动场地、参与人数没有特殊要求。
☑ 高强度的对抗性运动，对参与者的身体素质有较高要求。
☑ 可以强身健体，增强意志力，培养优秀品质，缓解心理压力。

篮球运动的特点、适合人群与益处

篮球运动是一项简单易行、趣味性强的运动，可因人、因地、因时、因需而异。篮球运动对场地面积和参与人数的要求均低于足球运动。参与人数多时可以进行全场攻守，参与人数少时可以进行半场"斗牛"。通过变换活动方式，篮球运动更能吸引人参与。篮球运动可以达到活跃身心、强身健体的效果。

篮球运动是一项高强度的对抗性运动，需要参与者具有快速的反应能力、足够的核心力量和下肢稳定性，上肢灵活有力，还需要参与者可以快速奔跑、突然或连续起跳等。同足球运动一样，篮球运动也适合各类人群，但建议技术和身体素质水平差异不大的参与者一起进行，避免非必要的损伤。

经常参加篮球运动，有助于速度、力量、耐力、灵敏性等身体素质的全面发展，还有助于形成良好的团队精神。

篮球运动
的特点、适合
人群与益处

☑ 简单易行、趣味性强，活动方式多样。
☑ 高强度的对抗性运动，对参与者的反应能力、核心力量等要求较高。
☑ 有助于身体素质的全面发展。
☑ 有助于形成良好的团队精神。

羽毛球运动和乒乓球运动的特点、适合人群与益处

羽毛球运动和乒乓球运动在很多方面有相似之处，理论上均为室内、室外都可进行的运动，参与人数为2~4人。羽毛球运动和乒乓球运动要求参与者反应快，具备一定的灵敏性。在进行羽毛球运动或乒乓球运动双打时，参与者要讲究策略，协作配合。

羽毛球运动和乒乓球运动的区别在于，羽毛球运动的场地较乒乓球运动的更大；羽毛球运动需要参与者不断地折返跑跳，在体能消耗方面也远远大于乒乓球运动。因此，羽毛球运动相对激烈，更适合年轻人；乒乓球运动相对温和，更适合中老年人。

羽毛球运动和乒乓球运动属于"小快灵"型运动，可以有效提高参与者的灵敏性、柔韧性和肌肉力量、耐力，并且有助于增强心肺功能。此外，这两项运动还能培养参与者的竞争意识，增强临场应变力和判断力，是能够同时促进身心健康的运动。

羽毛球运动和乒乓球运动的特点、适合人群与益处

☑ 室内、室外均可进行。
☑ 对参与者的反应能力、灵敏性等有一定的要求。
☑ 羽毛球运动对参与者的体能消耗较大，相对激烈，更适合年轻人。
☑ 乒乓球运动相对温和，更适合中老年人。

2 这样进行球类运动可以避免损伤

球类运动实际上可以归为一种特殊的有氧运动，有些特点与慢跑、游泳等健身运动相似。参与者如果进行球类运动的目的是降低体重、提升心肺功能，则需要根据自身的年龄和身体状况，保持一定的心率并持续运动一定时间，才能达到上述目的；如果目的仅仅是娱乐，就要量力而行，不要贪多图快，避免造成身体无法承受的损伤。

球类运动大多需要调动全身的肌肉和关节参与，因此涉及的医学问题较多，比如心肺功能、上下肢肌肉力量、关节灵活性及核心肌群稳定性等方面问题。图7.1所示为一种核心肌群稳定性练习——平板支撑。

图7.1　一种核心肌群稳定性练习——平板支撑

3 球类运动常见损伤的预防和治疗

　　球类运动很容易使人受伤，尤其对于偶尔参与运动的成年人而言。若平时锻炼不够，突然开始剧烈地奔跑、跳跃或与对手发生身体冲撞都会造成潜在的损伤风险。因此，我们平时就应该进行慢跑等心肺功能训练，在正式开始运动之前做好热身活动，以免肌肉拉伤。

　　足球运动速度快、对抗性强，在奔跑带球等过程中，足踝部需做大量脚尖向下、内外翻的动作，而足踝部在脚尖向下时稳定性非常差，因此足踝部韧带损伤在足球运动中很常见，如内踝的三角韧带损伤和外踝的距腓前韧带、跟腓韧带损伤等。拼抢和倒地甚至可能导致胫腓骨骨折。慢性的踝关节损伤可能伴随踝关节前方骨赘，形成所谓的"足球踝"。此外，在足球运动中膝关节要起到支撑、扭转轴心的作用，因此该运动常见的运动损伤还包括前交叉韧带损伤、半月板撕裂等。篮球、羽毛球运动因为使用上肢较多，肩关节常处于伸展、外展的状态，所以运动损伤常发生于肩部，包括肩关节疼痛、肩袖损伤、肩峰下撞击综合征等。这两项运动的参与者在跳跃落地过程中，足踝也处于脚尖向下状态，可能发生踝关节、膝关节扭伤，跟腱损伤甚至断裂等。篮球运动参与者易损伤部位如图7.2所示。乒乓球运动相对于其他三项运动对抗性低，但更为精细，因此容易造成上肢的肌肉劳损、关节损伤等。

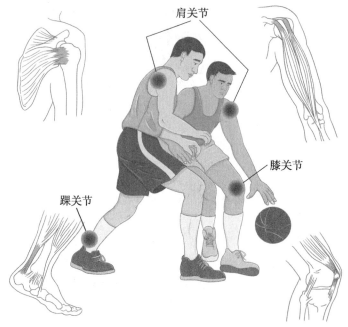

图7.2 篮球运动参与者易损伤部位：肩关节、踝关节和膝关节

肩袖损伤与肩峰下撞击综合征

致病原因

肩袖，是包绕肩关节的深层的"袖套"样结构，是连接上肢与躯干的重要结构。其主要作用是保持肩关节的稳定性和增加肩关节的活动度，为肩关节的活动提供动力。外伤或周围骨骼退变产生的骨赘在活动过程中与肩袖摩擦、撞击，会引起滑囊组织水肿、肩袖撕裂或磨损，从而导致肩关节疼痛和活动范围受限。

随着全民健身和竞技类运动的普及，以及人口老龄化，肩袖损伤的发病率明显上升。据统计，美国40岁以下人群肩袖损伤的发病率为4%，40~60岁人群的发病率为28%，60岁以上人群的发病率为54%。随着我国健身人群的增长，肩袖损伤的发病人数也在逐渐增加。

肩袖损伤与肩峰下撞击综合征的致病因素多数为挥臂活动和过肩活动时的意外损伤，以及肩袖上方、肩峰下表面骨质异常发育或退变产生的骨赘在过肩活动时与肩峰下滑囊组织及肩袖发生摩擦、撞击。

★羽毛球运动

在对抗激烈的羽毛球运动中，击高远球、平高球，或者大力杀球、抽球和各方向救球时，肩袖反复地拉伸和碰撞，很容易引起损伤。

不少人没能正确地掌握好击球点和发力方法，其手臂在肩关节处于外展60~120度的状态时做快速发力击球动作，同时伴有肩关节内旋动作，因此肩袖受到严重的磨损，长期如此造成肩峰与肩袖之间的组织水肿。

在击高远球、平高球和杀球时击球点太低，同时没有利用下肢蹬地带动腰背部、肩部、上臂、前臂以及手腕鞭打发力，而是利用屈臂发力，不是向前下方发力，而是向持拍臂同侧方向并向下、向后发力，没有向非持拍臂方向缓冲收拍，将导致肩关节过度内旋，从而引起损伤。这种错误的击球动作在羽毛球爱好者中尤为多见。因此，在进行羽毛球运动时，使用规范技术动作也能有效预防肩袖损伤。

★篮球运动

肩袖组织位于肱骨和肩峰的狭窄通道内，进行投球、过头传球等反复抬肩的活动会引起肩袖组织与肩峰的撞击，形成对肩袖的磨损和挤压，久而久之肩袖会变脆变薄，很容易撕裂。

★乒乓球运动

乒乓球运动的击球动作大多是以肩为轴，上臂带动前臂完成的，如果肩关节的灵活性不好，较易发生损伤。如果不注意调节运动姿势和运动量，则容易加重损伤。

日常预防

在正式运动前要进行热身活动，如上臂旋转练习。

上臂旋转练习

　　双手持木棍或长杆，缓慢、有控制地向左和向右运动，此为1次。重复20次左右为1组，做3组。该练习可以拉伸和锻炼肩袖肌肉，有效预防肩袖损伤。

　　在运动中，参与者要有意识地感受来自自己肩部的反馈。一旦肩部有疼痛和其他不良感觉，应立即关注并停止运动，然后采取必要的保护措施或进行治疗。

　　在日常训练中要注意加强肩关节周围肌群力量。训练时我们可以借助毛巾、弹力带和哑铃等。

肩关节周围肌群力量练习

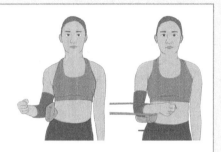

　　在躯干和一侧肘部之间夹一个毛巾卷，套上弹力带的前臂按右图所示方向尽量靠近腹部，然后慢慢回到起始位置。重复20次为1组，做3组，换对侧重复。

手指爬墙练习

　　面朝墙站立，手指沿墙面进行爬墙练习，尽可能爬到最高位置。手指在最高位置停留30秒为1组，做3组。这个练习不仅可以锻炼上肢肌肉，还有助于提升肩部的活动范围。

　　只练习肌肉力量会使肩关节的灵活性下降，增加肩关节拉伤的风险，因此我们也要注意进行肩关节灵活性训练。可采用肩关节前屈、后伸、外展以及内外旋等动作进行练习。在增强肩关节力量的基础上，在训练后期还要进行肩关节周围肌群的稳定性训练。

肩关节伸展练习

　　手肘向后屈曲，手或前臂搭在椅背上，通过屈膝来使身体向下移，增大肩关节伸展的角度。当肩关节周围肌群有牵拉感时，保持此时的姿势20秒左右，此为1组，做3组。

肩关节水平外展练习

　　侧卧，上侧手臂保持伸直并上抬至与地面垂直，然后回到起始姿势。重复20次左右为1组，做3组，换对侧重复。该练习可以提升肩关节水平外展的范围。

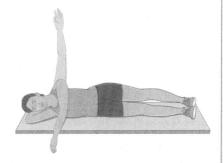

肩关节内旋练习

　　利用木棍或长杆（也可用长毛巾代替）进行该练习。双手于背后分别持木棍的上、下端，按照右图箭头方向进行上下活动。重复20次左右为1组，做3组，换对侧重复。该练习可以提升肩关节内旋的范围。刚开始练习时，双手可握住靠近木棍两端的位置，以降低练习难度。

肩关节动态稳定性练习

利用瑞士球（或篮球）进行练习。用手将球压在墙面上，将球分别向上、向下、向左、向右滚动，全程要保证球不掉落。重复该练习，直至肩关节感到微酸。该练习可以很好地提升肩关节的稳定性。

训练不要过度，尤其是在健身房进行训练时。例如，对胸大肌和背阔肌进行训练后，不宜再对肩部进行较大强度的训练。疲劳时进行训练更是大忌。

治疗方法

肩袖损伤与肩峰下撞击综合征早期治疗的目的主要是减轻疼痛和消除滑囊无菌性炎症，可以通过物理及药物治疗、康复训练和力量训练等方法提高一般适应能力，促进损伤组织愈合和功能恢复。

如果肩袖部分或全层撕裂，保守治疗的效果不理想，并且疼痛和活动受限已经严重影响到日常生活，则需进行手术治疗。术后应遵从医嘱，进行系统、有效的功能康复，以改善关节周围组织粘连，恢复肩关节的活动范围，从而尽早恢复上肢的力量。

常见误区 当肩关节出现疼痛或不能在全范围活动时，只要没有明显的损伤，骨头没事就不用理会

其实，关节痛可能不仅是由于骨头病变，还可能是由于连接骨骼的韧带、肌肉、软骨等组织结构损伤。盲目地通过拍片判断病情是不可取的。切记，某些组织结构损伤是养不好的，而且误诊或误治会造成肢体功能受限，因此应尽早就医。

患者小故事

小刘是一名篮球爱好者，在一次篮球比赛中摔倒，肩关节着地，当时疼痛难忍，无法抬手臂，球友们赶忙将他送往医院。医生经过查体后初步诊断为肩峰下撞击综合征合并肩袖撕裂。进一步

的肩关节核磁共振检查证实了医生的诊断，医生建议小刘进行手术治疗。小刘经过肩关节镜手术治疗以及术后专业的康复训练后，肩关节恢复到和受伤前基本一样的状态，又可以打篮球了。同时，康复治疗师教了他一些科学的锻炼方法，小刘不仅锻炼起来事半功倍，损伤的次数也减少了。

肱骨外上髁炎

致病原因

肱骨外上髁炎俗称"网球肘"，是肘关节的常见疾病，其主要症状为肱骨外上髁局部疼痛。肱骨外上髁炎多发于30~55岁人群，患者平均年龄为50岁，无明显性别差异，常发病于惯用手一侧。这种病通常具有自限性，即疾病发展到一定程度后能自动停止发展，并逐渐恢复痊愈，并不需要特殊治疗。大部分患者只需要简单地进行止痛处理即可，80%~90%的患者能在1~2年内自行痊愈，但是部分患者会出现难治的持久性疼痛。

有趣的是，真正的网球运动员患肱骨外上髁炎的并不多，反而是体育爱好者中存在大量的肱骨外上髁炎患者。在持拍类运动中，参与者患肱骨外上髁炎损伤较为常见，大多集中在网球、羽毛球、乒乓球等运动中。除了持拍类运动参与者，长期从事手工作业的人也易患肱骨外上髁炎，如打字员、钢琴表演家、纺织工人等。随着全民健身的兴起，肱骨外上髁炎的发病率也在逐年升高。

肱骨外上髁炎的发病机理尚存在争议，目前普遍认为桡侧腕短伸肌的过度负荷、反复劳损是致病的主要原因。

持拍类运动参与者患肱骨外上髁炎的主要原因有以下几点。

• 技术动作不规范。前面提到体育爱好者是肱骨外上髁炎的高发人群，而专业运动员反而不多见，这与技术动作的规范性密切相关。常见的不规范技术动作有反手击球时的翻腕动作、击球过慢或翻肘等。

• 运动时间过长。

• 运动频率过高。

• 球拍柄的尺寸（影响持拍臂的前臂应力）及球拍的重量不合适。

每天手持重量大于2千克的工具超过2小时、手拎重量大于20千克的重物超过10次，或重复做屈伸肘、腕运动超过2小时，都会增加桡侧腕短伸肌的负荷，引起肌腱慢性劳损，从而导致肱骨外上髁炎。

识别方法

肱骨外上髁炎的主要症状为肘外侧疼痛，严重时会影响日常生活，使人无法进行拧瓶盖、炒菜、拎重物等日常活动。

日常预防

预防的重点在于运动中使用规范的技术动作、选择合适重量的球拍和合适尺寸的球拍柄、安排合理的运动时间和适度的运动频率。能做到以上几点可以大大降低患肱骨外上髁炎的概率。

平时可以进行一些加强肘关节周围肌群力量的练习，如负重前臂旋转练习。

负重前臂旋转练习

手持锤子的手柄端，有控制地进行前臂旋转运动，让锤子从实像位置移动到虚像位置，注意速度要慢。重复10次左右为1组，做3组，换对侧重复。

还要注意，在工作中经常短暂休息，并进行上肢肌肉拉伸。肌肉拉伸可以增强患者的肌肉耐受力，使患者能承受更长时间的劳动。

此外，使用肱骨外上髁炎护具也可有效预防肱骨外上髁炎或减轻症状。专门的肱骨外上髁炎护具可以分散肌腱在肘关节上的压力，减轻原止点的应力，达到减轻疼痛的效果。

治疗方法

到目前为止，还没有任何一种方法被证明对治疗肱骨外上髁炎绝对有效，但大多数研究表明，腕屈肌和腕伸肌的离心训练及拉伸训练对肱骨外上髁炎的治疗效果较好，并且患者可以自行进行锻炼。不建议多次进行局部注射激素类药物的封闭治疗。

腕屈肌离心练习

手持哑铃（1千克及以下），缓慢、有控制地伸展手腕，然后回到起始姿势。重复8~10次为1组，做3组，换对侧重复。该练习有助于增强腕部肌肉的力量，减轻肘关节的负荷，常用于肘关节内侧疼痛的治疗。如果觉得完成练习有困难，可在另一只手的辅助下进行练习。

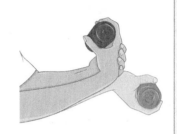

腕伸肌离心练习

手持哑铃（1千克及以下），缓慢、有控制地屈曲手腕，然后回到起始姿势。重复8~10次为1组，做3组，换对侧重复。如果觉得完成练习有困难，可在另一只手的辅助下进行练习。

腕关节活动度练习

双手持长杆，双臂前平举，按右上图中箭头方向旋转长杆，进行腕关节活动度练习。或者通过腕关节屈曲和伸展进行徒手的腕关节活动度练习，如右下图所示。重复20次左右为1组，做3组。

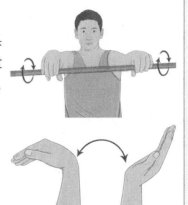

拉伸腕伸肌练习

肘关节完全伸直，在另一只手的辅助下使拉伸侧腕关节在最大屈曲位或最大伸展位保持30~45秒，此为1组，做3组，换对侧重复。

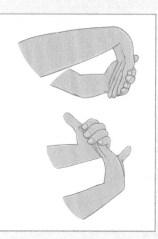

理疗对肱骨外上髁炎也有一定的疗效，常用的理疗方式有超声波、冲击波、高能量激光等。局部外用药物和药物注射治疗也是常用的治疗肱骨外上髁炎的手段。注射的药物通常有糖皮质激素、透明质酸、富血小板血浆等。封闭治疗不易实施多次，否则容易形成顽固性肱骨外上髁炎。保守治疗无效的顽固性肱骨外上髁炎患者可以采取手术治疗，目前开放或微创手术治疗都能获得较好的临床效果。

常见误区 得了肱骨外上髁炎，进行封闭治疗就可以

封闭治疗指局部注射皮质激素类药物的疗法。很多人比较依赖封闭治疗，哪里疼痛打哪里。事实上，随着对肱骨外上髁炎研究的深入，对封闭治疗效果的质疑也越来越多。局部注射激素类药物确实可以暂时止痛，但会加重局部肌腱的脆性，也容易造成局部组织的缺血性坏死。目前的研究认为，对于肱骨外上髁炎来说，封闭治疗有很好的近期疗效，但是远期疗效很差，甚至比未经过任何药物治疗的效果还差。所以通过局部注射激素类药物来治疗肱骨外上髁炎要慎之又慎，并且禁止多次进行。

患者小故事

　　小红想锻炼身体，于是买了羽毛球拍和朋友们一起打球，谁知道过了一段时间，小红前臂接近肘关节的肌肉感到酸痛，去医院检查后被医生诊断为肱骨外上髁炎。医生对小红进行了冲击波治疗，并教小红用离心训练以及自我拉伸的方法治疗肱骨外上髁炎。同时，医生告诫小红注意充分休息，不要盲目运动，做任何运动都要动作合理、循序渐进。一个多月后，小红原本疼痛的地方不疼了。随后小红找了专业的羽毛球教练指导自己运动，让自己的动作更规范、脚步移动更到位，不仅动作更漂亮了，而且原来的疼痛也没有再出现。

髋关节撞击综合征

致病原因

　　髋关节撞击综合征又称股骨髋臼撞击综合征，这种疾病并非由外伤导致的撞击引起。它实际上由组成髋关节的髋臼、盂唇等结构和股骨头颈结合区在活动时反复内撞击引起。患病者往往会出现髋关节疼痛等临床症状。

　　据欧美国家报道，该病有较高的发病率，20~40岁运动较多的中青年更易发病，发病率为10%~15%。亚洲人该病的发病率低于欧美人。我国目前还没有具体的统计数据，但随着我国人民对运动健身越来越重视，该病也成了运动健身者髋部疼痛的主要原因。

　　髋关节撞击综合征的主要致病原因除了髋臼、盂唇、股骨头颈结合区存在先天解剖结构异常外，还有长期不正常外力作用于髋关节，比如慢性的髋关节运动损伤。其也会导致两者不正常接触、碰撞，产生反复的微型创伤，致使关节盂缘和关节软骨退变。髋关节撞击综合征在足球、滑冰、滑雪、舞蹈、体操、瑜伽、踢毽子、爬山等运动的参与者身上经常发生。

识别方法

　　髋关节撞击综合征常隐匿起病，无明显外伤史，易发于中青年群体。其主要表现为间断或持续性的髋部疼痛，常见C字征，即腹股沟、股骨大粗隆、臀部、腰背部疼痛，伴随髋关节屈曲、内收、内旋受限，有时伴有弹响；在进行足球运动、长时间行走、久坐矮凳、长期开车、下蹲、弯腰、抬腿、爬山时变换髋部姿势常常诱发疼痛或加重疼痛。若患者的髋关节盂唇出现撕裂，则会出现"死腿征"，即在改变体位（如久坐后站立或转身）时髋关节出现较重的疼痛或交锁症状，活动片刻后可以恢复正常。也有一些患者具有髋关节无力、打软、假性交锁、不能侧卧等症状。

髋关节撞击综合征可能导致髋关节相应部位盂唇损伤、软骨损伤，晚期发展为骨关节炎。

日常预防

- 髋关节撞击综合征属于一种较难预防的疾病。防止症状加重的主要措施是避免过量运动、体力劳动及长距离行走。

- 尽量不要选择引起髋关节撞击的运动，比如踢毽子、爬山等，这些运动中存在过度屈曲髋关节的动作。

- 可使用让髋关节轻度外旋的护具来缓解症状和防止症状加重。

治疗方法

髋关节撞击综合征的治疗方法包括非手术治疗和手术治疗。

非手术治疗除前文提到的一些预防措施外，还包括应用非甾体抗炎药及软骨保护类药物、局部冲击波治疗等。很多学者认为非手术治疗并不能真正去除致病的因素，只能减轻患者的疼痛，不能从根本上阻止关节的继续退变。尽管这样，非手术治疗仍然应作为治疗髋关节撞击综合征的首选，无效再考虑手术治疗。

手术治疗主要适用于髋关节疼痛难以忍受的患者或交锁症状显著者。大多数患者都可以进行髋关节镜手术。髋关节镜手术可以刨除增生的滑膜、打磨突起的骨质、清理变性的软骨、缝合撕裂的臼唇，从而去除病因，消除疼痛，恢复功能。

　　无论采用哪种治疗方法，我们都不能忽略对髋关节周围肌群的力量锻炼。在非手术治疗过程中或手术后，我们都可以适当地锻炼髋关节周围的肌肉力量。

站立位屈髋抗阻练习

　　站立，将弹力带一端固定，另一端套在一侧脚踝上，该侧腿保持伸直并向前屈髋，然后回到起始姿势。重复10~15次为1组，做3组，换对侧重复。

站立位伸髋抗阻练习

　　站立，将弹力带一端固定，另一端套在一侧脚踝上，该侧腿保持伸直并向后伸髋，然后回到起始姿势。重复10~15次为1组，做3组，换对侧重复。

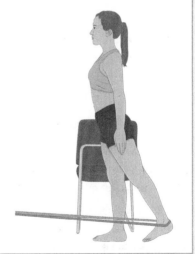

站立位大腿内收肌练习

　　站立，手扶身后椅子的靠背，将弹力带一端固定，另一端套在一侧脚踝上，该侧腿保持伸直并向内收，然后回到起始姿势。重复10~15次为1组，做3组，换对侧重复。

站立位大腿外展肌练习

　　站立，手扶身后椅子的靠背，将弹力带一端固定，另一端套在一侧脚踝上，该侧腿保持伸直并向外展，然后回到起始姿势。重复10~15次为1组，做3组，换对侧重复。

常见误区 ❶　医生说我可能得了髋关节撞击综合征，但我的髋关节没被撞击过，不可能得这个病

　　在临床工作中，我们发现很多患者不太理解髋关节撞击的意思，觉得自己髋关节没有被撞击过，不会得撞击综合征。其实这是一个理解误区。这里说的撞击是指髋关节自身的撞击，属于内撞击范畴，简单说就是自己的髋臼、盂唇等结构和股骨头颈结合区相撞。

常见误区 ❷　髋关节疼痛是由股骨头坏死引起的

　　髋关节疼痛多由股骨头缺血性坏死和髋关节撞击综合征引起。股骨头缺血性坏死较为严重，医生对该病的科普宣教比较多，因此，人们对该病的认知更充分，一旦出现髋关节疼痛，人们都担心是得了股骨头缺血性坏死，大部分人都会到医院检查。其实髋关节疼痛并不只是股骨头缺血性坏死的症状，也是髋关节撞击综合征的症状，即使排除了股骨头缺血性坏死也不能掉以轻心，以免误漏诊。

患者小故事

齐某，男，38岁，导游，右髋部疼痛已经半年，已影响正常的工作。该患者去医院就诊前怀疑自己得了股骨头缺血性坏死，经检查后排除了该疾病。查体后，医生怀疑其患有髋关节撞击综合征。进一步的髋关节核磁共振检查后，他被诊断患有混合型撞击综合征。保守治疗3个月后，他的症状无明显缓解，因此又进行了关节镜手术治疗，磨除了骨性凸起的骨质，缝合了损伤的盂唇。齐某术后恢复良好，经过康复训练，3个月后恢复了导游工作。

膝关节前交叉韧带损伤

致病原因

膝关节前交叉韧带又称前十字韧带，是连接大腿骨骼与小腿骨骼的一条重要韧带，其主要作用是帮助维持膝关节的稳定性。膝关节前交叉韧带损伤患者的膝关节会出现明显的"错动感"，在急停、急转动作中有种"大腿控制不住小腿"的感觉。

膝关节前交叉韧带损伤在球类运动中较为常见，大多集中在足球、篮球、排球和羽毛球运动。除了球类运动，滑雪运动参与者膝关节前交叉韧带损伤的发病率也较高。目前美国人膝关节前交叉韧带损伤的年发病率约为0.03%。随着我国运动健身者人数的增加，膝关节前交叉韧带损伤的发病率在逐渐接近这一数字。

膝关节前交叉韧带损伤的致病原因多为跳跃落地时膝关节意外扭伤。

★足球运动

在足球运动中，常见的引发膝关节前交叉韧带损伤的情形包括争顶头球落地时膝关节外翻、外旋；与他人对脚时膝关节外翻；高速带球时急停、急转过人；"踩单车"过人时承重腿的膝关节外翻；与他人冲撞时膝关节过伸。

★篮球运动

在篮球运动中，常见的引发膝关节前交叉韧带损伤的情形包括跳跃落地时膝关节外翻、外旋；后仰投篮单脚落地时膝关节扭伤；带球过人时急停、急转。

★ 羽毛球运动

在羽毛球运动中，常见的引发膝关节前交叉韧带损伤的情形包括后撤步击球单脚落地时膝关节扭伤；膝关节发生意外外翻损伤。

★ 排球运动

在排球运动中，常见的引发膝关节前交叉韧带损伤的情形包括起跳扣球或拦网后单脚落地时膝关节扭伤；侧向移动时膝关节发生外翻损伤。起跳扣球或拦网时易损伤部位如图7.3所示。

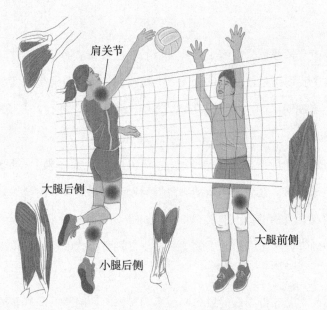

图7.3 起跳扣球或拦网时易损伤部位

★ 滑雪运动

在滑雪运动中，意外导致的膝关节外翻损伤是引发膝关节前交叉韧带损伤的常见情形，且常常合并内侧副韧带损伤。

识别方法

发生膝关节前交叉韧带损伤时，膝关节有明显的扭转感觉，有时也会有关节内组织的撕裂感，短时间内膝关节会出现明显的肿胀。早期一定要冰敷，避免热敷，防止肿胀程度加重。

日常预防

预防膝关节前交叉韧带损伤的重点在于加强肌肉力量和提高膝关节的灵敏性。加强膝关节周围肌群力量的练习主要针对股四头肌和腘绳肌。提高膝关节灵敏性主要依靠平时训练或做热身活动时进行急停、急转练习。

靠墙静蹲练习

　　背靠墙壁，双脚分开，下蹲至大腿与地面接近平行，保持该姿势20~30秒为一组，做3组。练习时，注意脚尖朝前，膝盖不可超过脚尖。若坚持不住就停止练习，切忌憋气。膝关节疼痛或髌骨软化患者应减小下蹲的幅度。

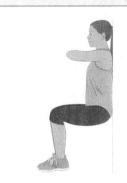

俯卧屈膝抗阻练习

　　俯卧，将弹力带一端固定，另一端套在一侧脚踝上，该侧小腿抬至与地面垂直，然后放下。重复10~15次为1组，做3组，换对侧重复。该练习主要提升膝后肌肉的力量。

除股四头肌和腘绳肌外，其他部位的肌肉是否也需要锻炼？答案是肯定的，腹部核心力量也需要加强，因为这有助于控制骨盆，稳定下肢。

腹部核心力量练习

　　仰卧，屈髋屈膝90度，双臂稍稍抬起。保持该姿势并进行腹式呼吸20~30秒为1组，做3组。练习时，注意腰背部贴地。

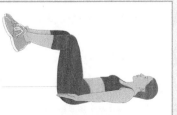

侧桥练习

侧卧，用一侧肘和一侧脚做支撑，身体保持在一条直线上。保持该姿势20~30秒为1组，做3组，换对侧重复。练习时，注意腰背部不要塌陷，支撑侧上臂与地面保持垂直，不要倾斜。

平板支撑练习

俯卧，双肘和双脚脚尖撑地，身体呈一条直线。保持该姿势30~60秒为1组，做3组。练习时，注意腰背部不要塌陷，上臂和地面垂直。建议有腰背痛症状的个体在医生等专业人士的指导下进行该练习。

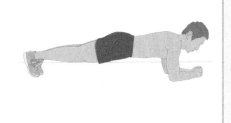

治疗方法

一般来说，具有膝关节前交叉韧带损伤的青年和具有该损伤且喜欢运动健身的中年均需要进行手术治疗。无剧烈运动要求的人群不需要进行手术治疗，可以通过提升肌力的方式来稳定膝关节。手术治疗方法大多是取自身的肌腱作为移植物来对损伤的韧带进行重建。

另外，康复训练在该损伤的治疗中非常重要，尤其是手术之后。无论膝关节在术后能否流畅地屈伸，能否恢复肌肉力量，以及能否重新进行运动，都需要进行系统和专业的康复训练。术后早期要进行压腿练习以促进膝关节伸直，还要进行活动髌骨练习、膝关节主动活动练习。如果膝关节主动活动困难，可利用弹力带辅助完成练习。

压腿练习

将一侧腿垫高，放松肌肉，让膝关节在重力作用下缓慢伸直。

活动髌骨练习

用手捏住髌骨，把髌骨分别向上、下、左、右各个方向推至极限，此为1次，重复20次左右为1组，做3组，换对侧重复。可以站姿或坐姿进行该练习。

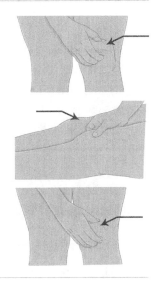

膝关节主动活动练习

身体呈坐姿，双手撑于身后，一侧腿屈曲，然后伸直。重复20次左右为1组，做3组，换对侧重复。练习时，全程上半身保持不动。如果主动活动困难，可借助弹力带进行坐位膝关节屈伸练习（第28页）。

常见误区 1 膝关节扭伤后做X光检查，没伤着骨头就没事，养养就好了

膝关节由很多软组织、韧带、软骨等结构组成，有些结构受伤了就会出现功能的缺失，单靠"养"恢复不了。所以膝关节扭伤后必须到医院寻求相关医生的专业意见。

常见误区 2 膝关节韧带损伤了，做完手术就好了，康复训练不重要

康复训练在膝关节韧带损伤的治疗中非常重要，尤其是手术后。膝关节术后能否流畅地屈伸、能否恢复肌肉力量，以及能否重新进行运动取决于是否进行了系统和专业的康复训练。

患者小故事

有媒体报道，著名球星罗纳尔多在意大利甲级联赛中膝关节再次受伤，受伤的正是前交叉韧带。很多球星（如巴乔等）的这条韧带都受过伤，受伤时膝关节立即出现肿胀和疼痛症状。为了恢复运动，该条韧带发生损伤的运动员需要进行手术治疗，手术后还需要进行专业和系统的康复训练。为了重返赛场，他们还需要进行专业的功能性训练。

半月板损伤

致病原因

半月板是大腿与小腿之间的软骨垫，因形状呈弯月形而被称为半月板。每个膝关节都有内、外两个半月板。半月板为软骨组织，充填于股骨和胫骨之间，起到对二者的缓冲作用。当膝关节活动时，股骨会在胫骨上进行滚动及滑动的复合运动，半月板能起到垫片的作用，可以减少摩擦、吸收震荡、缓冲压力、使压力均匀分布，从而增强膝关节的稳定性并延缓膝关节的老化。

半月板损伤的发病率较高，约占膝关节运动损伤的一半，在运动人群中更加常见，应得到足够的重视。

半月板损伤多由导致膝关节扭转的外力引起。例如，当我们快速下蹲时，胫骨相对固定，股骨会出现一定程度的旋转，处于胫骨和股骨之间的半月板就会受到旋转应力的剪切作用。如果这种力过大，半月板就可能出现撕裂。如果撕裂的半月板滑入髁间窝，就有可能使膝关节屈伸受阻，让关节"卡壳"。

★足球运动

在足球运动中，常见的引发半月板损伤的情形包括：转身射门；高速带球过人时急停、急转；射门踢空（易造成半月板前角损伤）；射门时支撑腿旋转。

★篮球运动

在篮球运动中，参与者转身跳投时，易发生半月板损伤；带球过人时膝关节急停、急转也可能造成半月板损伤。

★滑雪

滑雪时，由于雪鞋固定，胫骨相对固定，一些上半身扭转的动作常常导致半月板损伤。

★蛙泳

游泳对膝关节的损伤很小，但是蛙泳涉及膝关节内、外翻和旋转的动作，如果动作不当或用力过猛，容易导致半月板损伤。

★磨损

中老年人的半月板本身存在变性情况，导致弹性变差，在这种情况下，经常爬山、上下楼梯也会导致半月板损伤。

识别方法

在半月板损伤的急性期，膝关节有明显的疼痛、肿胀、积液和关节屈伸功能障碍。在急性期一定要对患处进行冰敷，避免热敷或使用刺激性药物，以免加重症状。

急性期过后，肿胀和积液可以自行消退，但活动时关节仍有疼痛感，尤其是在上下楼、上下坡、下蹲起立、跑、跳等时疼痛感更加明显，相应的关节间隙有压痛，严重者甚至会跛行或有关节屈伸功能障碍，部分患者还会有膝关节"卡壳"症状或在膝关节屈伸时有弹响。

日常预防

半月板周围分布有韧带和肌肉，强健的肌肉和韧带可以起到支持和固定膝关节内骨骼的作用，就像护膝，从而帮助半月板承担一部分来自外界的力。所以，预防半月板损伤的重点在于加强膝关节周围肌群的力量，增加膝关节的灵敏性和柔韧性。

加强膝关节周围肌群力量的练习主要包括股四头肌练习和腘绳肌练习，具体练习方法参见"膝关节前交叉韧带损伤"部分内容。还可以使用静蹲平衡练习来锻炼膝关节周围的肌肉。

静蹲平衡练习

　　双脚分开，与肩同宽，屈髋屈膝，重心向后，模拟坐椅子的动作。双臂向前伸，保持身体平衡。保持该姿势20~30秒为1组，做2~3组。练习时，下蹲幅度不宜过大，双膝不要超过脚尖。若坚持不住或出现膝关节疼痛，应立刻停止练习。

　　膝关节灵敏性练习主要包括在平时训练或做热身活动时进行急停、急转练习和一些柔韧性练习。同时，还应进行加强腰腹部核心力量的练习，因为核心肌群可以通过控制骨盆姿态为下肢运动创造支点，提高下肢协调性，减少膝关节损伤的发生。

治疗方法

　　一般来说，一旦半月板撕裂，就需要进行手术治疗。半月板边缘撕裂且对运动要求不高的患者可以尝试保守治疗，如口服及外用非甾体抗炎药、进行物理治疗等，如果经过治疗后疼痛感消失，日常生活中无不适症状，则可以继续观察。半月板撕裂症状明显且经常参加健身运动的患者必须进行手术治疗，主要是通过关节镜手术来进行半月板缝合或修整。

常见误区　半月板撕裂了，我不动，它自己就能长好

半月板是由纤维软骨构成的，它本身的性质决定了撕裂后基本无法自行愈合。除了一些极特殊类型的损伤外，制动休养时间再长半月板也无法长好。所以，一旦发现半月板损伤应及时治疗。这是因为，半月板损伤后，不但无法起到它原有的作用，反而可能会造成关节软骨的损伤。

患者小故事

2013年，中国职业篮球联赛（CBA）北京首钢队的著名球星马布里在比赛中膝关节受伤，经检查后确诊为半月板损伤。为了恢复运动和重返比赛，马布里进行了关节镜下半月板修整手术治疗。术后经过专业的康复训练和功能性训练，6周后马布里就回到了训练场，3个月后就参加了正式比赛。

膝关节内侧副韧带损伤

致病原因

膝关节有四条重要的韧带：前交叉韧带、后交叉韧带、内侧副韧带和外侧副韧带。除了在前文详细介绍过的前交叉韧带损伤，其他三条韧带在运动中也常受到损伤，如跪地伤常引起后交叉韧带损伤，膝关节内、外翻损伤常常导致内侧副韧带和外侧副韧带损伤。其中以内侧副韧带损伤较为常见。

膝关节内侧副韧带是抗膝外翻的主要结构，在过度外翻应力下此韧带可能损伤。常见的损伤机制是膝外侧受到直接撞击，导致膝关节外翻，引起内侧结构的损伤。

识别方法

膝关节内侧副韧带损伤的主要症状是膝关节内侧疼痛，并有松动感，受伤时可听到膝关节内侧有响声，并伴有剧痛，之后疼痛很快减轻。如果继续运动，则疼痛逐渐加重。疼痛会引起肌肉痉挛，使膝关节处于屈曲位，伸直时疼痛加重，因此有的患者拒绝检查。严重的膝关节内侧副韧带损伤会合并关节内软组织损伤，出现关节内积血，使关节肿胀。

日常预防

预防膝关节内侧副韧带损伤的方法主要有以下几个方面：加强下肢力量练习；在训练之前进行热身活动，充分活动膝关节；减少错误动作。

站立位屈髋抗阻练习

站立，将弹力带一端固定，另一端套在一侧脚踝上，该侧腿保持伸直并向前屈髋，然后回到起始姿势。重复10~15次为1组，做3组，换对侧重复。

站立位伸髋抗阻练习

站立，将弹力带一端固定，另一端套在一侧脚踝上，该侧腿保持伸直并向后伸髋，然后回到起始姿势。重复10~15次为1组，做3组，换对侧重复。

站立位大腿内收肌练习

站立，手扶身后椅子的靠背，将弹力带一端固定，另一端套在一侧脚踝上，该侧腿保持伸直并向内收，然后回到起始姿势。重复10~15次为1组，做3组，换对侧重复。

站立位大腿外展肌练习

　　站立，手扶身后椅子的靠背，将弹力带一端固定，另一端套在一侧脚踝上，该侧腿保持伸直并向外展，然后回到起始姿势。重复10~15次为1组，做3组，换对侧重复。

靠墙静蹲练习

　　背靠墙壁，双脚分开，下蹲至大腿与地面接近平行。保持该姿势20~30秒为1组，做3组。练习时，注意脚尖朝前，膝盖不可超过脚尖。若坚持不住就停止练习，切忌憋气。膝关节疼痛或髌骨软化患者应减小下蹲的幅度。

治疗方法

　　膝关节内侧副韧带本身的愈合能力很强，对于大多数损伤来说，可以采取保守治疗的方式，严重损伤或合并其他膝关节组织损伤的情况则需要进行手术治疗。

　　膝关节内侧副韧带急性损伤之后应停止运动，抬高患肢，及时对患肢进行冰敷并固定。在损伤早期可以进行膝关节屈伸活动度练习和股四头肌力量练习。注意训练要循序渐进，在可忍受疼痛的范围内进行。

　　膝关节内侧副韧带陈旧性损伤患者一般应进行内侧副韧带重建术。术后还要及时进行康复治疗，预防关节粘连。

常见误区　膝关节韧带损伤后，不运动就不会出现其他问题

　　膝关节韧带是维持膝关节稳定的重要结构，损伤后必然会导致膝关节不稳定，长期下去会造

成膝关节内部其他组织的损伤，如半月板损伤、软骨磨损等。因此，膝关节韧带损伤后一定要及时治疗。

患者小故事

小王是一名足球爱好者，在一次足球运动中抢球时被对方队员撞到膝关节，小王感觉膝关节内侧疼痛难忍，队友们对其膝关节进行冰敷并将其送往医院。经医生检查，小王的伤情被诊断为膝关节内侧副韧带断裂并伴有关节内积液。医生采用支具对其膝关节进行固定，并在治疗四周后指导小王进行柔韧性和力量训练。经过训练后小王又可以进行足球运动了。

踝关节韧带损伤与撞击综合征

致病原因

踝关节韧带急性损伤是一种常见的运动损伤，在关节韧带损伤中非常多见，其中外侧韧带损伤较常发生。踝关节撞击综合征多见于足球、体操、篮球、滑雪以及舞蹈运动员，严重的甚至会影响正常的训练和比赛，影响运动成绩的提高。踝关节韧带损伤和撞击综合征都是踝关节扭伤的并发症。健身人群和关节松弛的人群都容易扭伤踝关节。

踝关节外侧韧带包括多根韧带，它们共同稳定踝关节。人体踝关节的正常构造就是内侧高外侧低，因此踝关节很容易内翻，造成外侧韧带的损伤。踝关节先天松弛，进行急停、急转运动和在不平整的地面活动都可能造成踝关节扭伤。长期的踝关节不稳定会让踝关节产生骨赘，骨赘可以稳定关节，但会造成疼痛。因此，多次扭伤踝关节、长时间的踝关节不稳定会导致韧带松弛和形成踝关节骨赘。

识别方法

踝关节外侧韧带损伤后，踝关节外侧软组织会肿胀、疼痛，严重时还会有瘀斑，并伴有不同程度的活动受限。踝关节扭伤严重者不能负重行走，压痛点主要位于踝关节的外侧。

踝关节撞击综合征的常见症状是背屈踝关节（做勾脚的动作）时前踝出现

疼痛感和肿胀，跖屈踝关节（做绷直脚面的动作）时后踝出现疼痛感和肿胀。在做跑、跳、蹲等动作时，上述症状更为明显。

日常预防

踝关节韧带损伤是运动中常见的损伤，为了避免踝关节韧带损伤的发生，平时运动时需要注意以下几点。

★充分热身

运动之前要热身，充分活动踝关节（图7.4），将身体预热，尤其是在冬季。

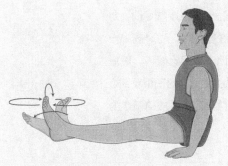

图7.4 充分活动踝关节

★进行下肢力量训练

加强下肢力量的训练，尤其是髋关节和踝关节周围肌群的训练，这对维持下肢的稳定性从而预防损伤的发生非常重要。

踝关节本体感觉练习

单脚站立，双臂按右图所示在胸前交叉，通过踝关节来维护身体平衡，不要让身体出现大幅度的摇晃。保持该姿势30~60秒为1组，做3组。

蚌式练习

侧卧，下侧腿不动，上侧膝盖打开至极限，然后放下。重复10~20次为1组，做3组，换对侧重复。练习时，上侧手可以放在腹部，也可以放在臀部，以监测臀中肌是否在收缩。全程双脚不要分开，上半身保持不动。

髋关节周围肌群练习

一侧脚置于台阶上，该侧膝盖屈曲，对侧脚触地。屈曲的膝盖伸直，使对侧脚抬离地面，然后缓慢地回到起始姿势。重复15~20次为1组，做3组，换对侧重复。练习时，保持上半身稳定，可手扶椅子作为支撑。

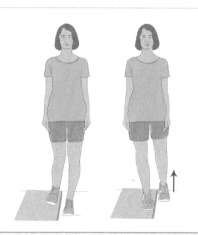

★ 使用护具

使用护具也是避免运动损伤的重要手段，踝关节早期急性韧带损伤患者可以佩戴内有支撑的护踝固定3~4周，踝关节长期不稳定的患者可以佩戴松紧合适的护踝。

治疗方法

踝关节撞击综合征常继发于踝关节反复扭伤，所以最好的预防办法就是在踝关节扭伤后及时诊治，尤其注意在扭伤早期就对踝关节进行支具或石膏固定，使损伤的踝关节韧带能在第一时间获得良好的愈合环境，从而避免踝关节后期出现慢性的功能性不稳定，导致踝关节撞击综合征的产生。

踝关节韧带损伤和撞击综合征的治疗方式主要包括保守治疗和手术治疗。

保守治疗适用于踝关节无不稳定或轻度不稳定的患者。在急性期应对患处采取冰敷、加压包扎、休息及抬高患肢等处理措施；疼痛减轻后可进行踝关节主动活动，逐渐负重行走，并进行肌肉力量训练。伤后三个月内如果进行健身运动，需使用护踝或者绷带来保护踝关节。

手术治疗适用于踝关节明显不稳定及骨赘增生严重的患者。术后早期应进行关节活动度、肌肉力量以及本体感觉等方面的康复训练。其中，肌肉力量康复训练不仅包括踝关节周围肌群的训练，还应包括髋关节周围肌群的训练。

常见误区　踝关节损伤后若不再疼痛就没事了

踝关节损伤中常见的是韧带损伤，在没有疼痛、肿胀之后仍可能存在韧带的撕裂，需要加强踝关节肌肉力量来减少踝关节的不稳定。

患者小故事

小李在抢篮板球落地时不小心崴了脚，脚踝外侧肿了起来，小李赶忙用冰袋敷在脚踝上并让球友把自己背到医院。经医生检查后，小李被诊断患有踝关节外侧韧带损伤。医生用绷带对小李的脚踝进行了包扎，并嘱咐小李消肿后改用护踝保护踝关节。同时，医生叮嘱小李运动前要热身，使踝关节充分活动，并指导小李掌握锻炼踝关节的方法，避免小李再次发生踝关节损伤。

肌肉、肌腱损伤

致病原因

球类运动的身体对抗比较激烈，所以肌肉、肌腱损伤在球类运动中较为常见，主要有内收肌拉伤、小腿三头肌拉伤以及跟腱损伤等下肢运动损伤。

肌肉在抵抗阻力时会收缩，如果肌肉承受不住阻力导致的拉伸，肌纤维，特别是肌纤维与肌腱的交界点或肌腱与骨头的交界点就会损伤或撕裂。撕裂的程度可分为三度：一度为轻微撕裂，二度为部分断裂，三度为完全断裂。

识别方法

肌肉、肌腱损伤后，会立即出现红、肿、痛的急症反应。大腿前方股四头肌、后方腘绳肌、内侧内收肌和小腿后群肌均是容易拉伤的部位。股四头肌拉伤容易导致出血肿胀，腘绳肌拉伤症状持续时间长，内收肌拉伤症状为做夹紧双腿的动作时大腿内侧疼痛、无力，小腿后群肌拉伤常常伴有"棒击感"。小腿后下方的跟腱容易在运动中断裂，许多著名运动员都有过跟腱断裂的经历。

治疗方法

在肌肉损伤急性期，应对患处采用冰敷、加压包扎、抬高患肢和休息等处理措施，避免损伤进一步加重，并到医院检查肌肉损伤的程度，请医生给出治疗方案。

急性期过后，伤处的肌纤维开始自行修复，此时应及时进行康复训练，如拉伸和力量练习，让肌纤维按照正常的排列方向重新生长，消除肿胀，逐步恢复肌肉的柔韧性等正常功能。肌肉被撕裂后产生的肿胀出血会造成软组织的粘连，因此要通过康复训练尽快消除肿胀、减少粘连。

如果肌肉拉伤的时间较长，粘连已导致肌纤维上形成结节、条索，肌肉的这个部位就容易被反复拉伤。此时康复训练的重点是消除肌纤维上的结节、条索，患者可以采用理疗、按摩、筋膜放松等方法，然后进行肌肉拉伸训练，接下来再循序渐进地进行力量训练，使肌纤维变强壮。损伤处肌纤维的最终康复应通过力量训练来完成。

股四头肌血运丰富，拉伤后容易出血，时间长了，淤血容易机化，造成骨化性肌炎，也就是肌肉组织骨化，肌肉性能会减弱，功能会减弱。在股四头肌拉伤早期，控制出血非常重要，控制出血的方法包括加压包扎、冰敷、充分休息等。股四头肌拉伤后，患者一般需要5~14天的时间才可以重返运动。

腘绳肌拉伤看似症状不重，但是愈合周期长，且极容易反复。腘绳肌拉伤后，患者往往需要4周以上的时间才能重返运动，因此有学者戏谑地称之为"臭名昭著的腘绳肌"。热身时充分拉伸，做离心力量练习都有助于预防腘绳肌损伤。腘绳肌损伤后充分休息、进行电针治疗或超短波治疗甚至注射富血小板血浆均有助于缩短痊愈时间。

小腿后群肌的拉伤和跟腱断裂都会伴有明显的"棒击感"，小腿后群肌拉伤的"棒击感"多和跖肌肌腱断裂有关。小腿后群肌拉伤多发生在网球运动中打高压球时，因此又称为"网球腿"。小腿后群肌拉伤在足球运动中也很常见。这种拉伤多发生于小腿后侧的中部。由于小腿后侧的中部肌腱功能较弱，因此无须特殊处理，仅对断裂后的出血和肿胀部位进行冰敷和加压包扎即可。这种损伤也很少影响小腿功能。而小腿下方的"棒击感"则和跟腱断裂有关，跟腱断裂后不能做踮脚动作。因为跟腱在踝关节周围，有时跟腱断裂还会被误诊为踝关节扭伤。跟腱断裂可以保守治疗，患者需要以绷脚姿势固定足部6~8周；对运动功能要求较高的运动员则多采取手术缝合的方式进行治疗。目前有开放和微创两种手术方式。

常见误区　俗话说"伤筋动骨一百天"，一旦伤到筋就要静养一百天，期间不能活动

"伤筋动骨一百天"中的"筋"也包括肌肉，静养的确对肌肉拉伤的康复有一定的效果。但一味如此，会使肌纤维的弹性和力量减弱，活动能力下降，甚至形成结节、条索，造成反复拉伤后遗症。伤到"筋"还是要采用主动恢复的方式，采取动静结合的康复训练效果更好。

患者小故事

威尔士著名球星贝尔两次在比赛中拉伤小腿肌肉。贝尔描述拉伤小腿肌肉的感觉就像跑着跑着小腿被人踢了一脚，但观看慢动作回放影像时，未见其他球员在其旁边。贝尔的伤情被医生诊断为跖肌肌腱断裂。经过两周的休息和理疗，贝尔可以重返运动，参加高水平比赛。而贝克汉姆在一次比赛中，同样感觉到小腿后方的"棒击感"，当时他小腿疼痛，难以继续比赛。后来贝克汉姆进行了手术，但也错过了1个月后举办的国际足联世界杯。贝克汉姆做完手术6个月后重新训练，职业生涯又延长了数年。

第8章 全民健身运动常见的医学问题

问 肩关节疼痛是肩周炎吗?

答 肩关节疼痛是健身运动中常见的困扰。人们常常把肩关节疼痛笼统地称为"肩周炎",其实这是不准确的。传统意义上的肩周炎更接近于"冻结肩"的概念,表现为肩关节周围的无菌性炎症、纤维化变性和粘连,可引发肩关节疼痛和活动受限,多数可以自愈。这类患者可进行肩关节功能性训练。

但是更多的肩关节疼痛是由肩关节周围结构的损伤造成的,尤其是肩袖损伤。肩袖是包绕在肩关节周围的肌群总称,肩袖损伤不仅会引起疼痛,还会导致肩关节外展或伸展无力和受限。相比冻结肩,肩袖损伤更多地表现为主动活动受限,而被动活动受限不太明显。

肩关节疼痛患者应该到专业的运动医学科就诊,因为以上提到的两种损伤的处理方法完全不同,严重肩袖损伤患者还必须尽早进行手术。总之,肩痛不简单,尽早把医看,切莫盲目练,练伤后悔晚。

问 肩关节脱臼需要注意什么?

答 肩关节脱臼时,伤者应尽量放松,如果身边没有医生,应制作一个简易的肩带托住肘关节,然后找骨科医生把脱臼的关节复位。切忌找无专业知识的人粗暴复位,否则极易造成更严重的继发性损伤。

如果伤者已是多次脱臼,甚至肩关节习惯性脱位,那么就要特别小心。因为多次脱臼意味着限制肩关节正常位置的关节盂唇可能已有损伤,尤其是25岁以下的年轻人,2次以上的肩关节脱位多预示着盂唇撕裂,需要认真对待,及时就诊。

问 可以对网球肘进行封闭治疗吗?

答 网球肘是肱骨外上髁炎的俗称,是反复伸前臂而引发的前臂伸肌在肱骨外上髁处止点的无菌性炎症,表现为肘关节外侧疼痛。封闭治疗用的药物含有麻药和激素,在缓解疼痛、减轻炎症反应方面效果明显,但是激素本身也会导致肌腱发生退变，所以不可多用，一般一年之内同一部位接受封闭治疗不应超过3次。医生建议，如果不是疼痛难忍需要立即缓解，可以使用其他治疗手段，如服用非甾体抗炎药（如扶他林、芬必得等）、使用冲击波、注射富血小板血浆等。

问　抱孩子手腕疼是怎么回事？

答　在抱孩子之后，有些人会觉得手腕疼和拇指疼，甚至连劲儿都用不上，总以为歇会儿就好了，不当回事儿，但症状往往逐渐加重。这有可能是患了桡骨茎突狭窄性腱鞘炎。抱孩子时，托住孩子的手腕往往朝小拇指这边偏（尺偏），长期保持这个姿势，肌腱和腱鞘不断摩擦，从而导致血液循环变差，局部肿痛，也就是腱鞘炎。

其实不仅是抱孩子，一些持拍类运动也可能导致桡骨茎突狭窄性腱鞘炎。如果出现相关症状，可以尝试以下方法：（1）局部制动，尽量避免手部活动，必要时用石膏固定2~4周；（2）理疗或热敷；（3）症状特别严重时可采用封闭治疗，注意要把药物准确注入鞘管内，以保证取得更好的疗效，但一年之内接受封闭治疗不应超过3次；（4）反复发作且非手术治疗无效者可进行手术治疗，通过手术切开狭窄的腱鞘和松解粘连的软组织，术后早期应进行功能性训练。

问　手腕一转动就疼是什么病？

答　如果手腕旋转时常常伴有弹响或疼痛，则可能患上腕三角纤维软骨盘损伤，这是一种常见的运动损伤。三角纤维软骨复合体是腕关节尺侧的重要结构，包括关节盘、半月板同系物以及众多的韧带和关节囊。患者可能有跌倒时手掌撑地等经历，常诉难以完成拧毛巾、开车和使用勺子等动作，在用力抓握物体时也会诱发疼痛，从而导致握力减弱。

一旦发现以上情况应暂停或控制腕部运动，然后局部外敷消肿止痛药，同时进行适当的固定——将前臂固定于中立位并限制手腕与前臂的旋转活动，一般都能取得良好的治疗效果。如果保守治疗无效，也可以考虑手术修复。

问 跑步膝是怎么回事?

答 跑步膝是髂胫束摩擦综合征的俗称,跑步与骑行是该损伤高发的运动。该损伤的典型症状是膝盖附近疼痛,长时间保持膝盖屈曲坐姿、下楼梯或走小坡路时,膝盖附近疼痛更加明显。在跑步中,重复动作和关节肌肉承受的压力是该损伤的重要诱因。跑步膝一般包括软骨损伤、肌腱末端病、滑膜炎,髂胫束与股骨外上髁过度摩擦导致的韧带或滑囊炎症是常见的病因。跑步膝首要的应对方法是休息,其次是服用非甾体抗炎药(如扶他林、芬必得等)和进行理疗。如果症状没有得到缓解,一定要到专业的运动医学科就诊。

问 髌骨软化很严重吗?

答 有一些患者在出现膝盖疼痛症状后到医院就诊,被医生诊断患有髌骨软化后,他们会感到非常恐惧,觉得软化的髌骨难以支撑自己的身体了。其实髌骨软化并不是指髌骨本身变软了,而是指髌骨的关节软骨发生了轻度的退变,从形态上看,其表面凹凸不平,如同"发泡"。出现髌骨软化,要注意适当地减少活动量,也可以通过锻炼股四头肌、补充氨基葡萄糖类药物等缓解症状。

问 运动后髋关节出现疼痛会是股骨头坏死吗?

答 先要弄清楚疼痛的部位在哪里。如果在髋关节后方,则可能是腰椎的问题;如果在髋关节侧方最高点,则可能是大转子滑囊炎;如果在髋关节前方腹股沟中点,则可能是髋关节内的病变。但髋关节内的病变并不只有股骨头坏死,髋关节骨关节炎、髋关节滑膜炎,以及髋关节撞击综合征也会引起腹股沟中点疼痛。

问 发生严重的崴脚时应该怎么处理?

答 发生严重的崴脚后,损伤处会在24小时内出现肿胀、疼痛、瘀青、无法正常负重等症状,应当及时处理。处理的原则是消除肿胀、缓解疼痛、防止韧带进一步损伤。当前国际上针对崴脚新的处理方法可以概括为五个词："保护"，即佩戴支具保护踝关节韧带；"适当负重"，即在活动时适当负重（可使用拐杖承担部分负重）；"冰敷"，即在24~48小时内冰敷踝关节，消除肿胀；"加压包扎"，即及时使用弹力绷带等固定踝关节，这样做不仅可以消除肿胀，对韧带也有保护作用；"抬高患肢"，将踝关节抬高至超过心脏平面。

问　运动时总崴脚怎么办？

答　总崴脚意味着踝关节的稳定性出了问题。踝关节的稳定性需要完整的骨性结构、合理的肌肉反应以及良好的韧带等共同维持。如果没有明显后足内外翻等骨质的畸形，仍然总崴脚，就要注意是不是距腓前韧带和跟腓韧带等有了损伤。针对这种情况，一方面可以先尝试保守治疗，进行本体感觉、平衡性、力量等方面的训练，另一方面找专业医生诊断。如果保守治疗无效，则可以选择手术治疗。

问　一运动足跟就疼是骨赘惹的祸吗？

答　有的人一运动足跟就会出现明显的疼痛，需要慢走一会儿才会好转。有时做X光检查，会看到足底有一个像刺一样的骨赘，那么是这个骨赘造成了疼痛吗？其实不是。在我们的足底有一片坚韧的纤维组织叫跖筋膜，它的起点就在跟骨底部。劳损、腓肠肌紧张、足部畸形等会造成止点处出现无菌性炎症，又叫作跖筋膜炎，而那个骨赘只是损伤后的钙化。目前多采用痛点冲击波治疗跖筋膜炎。